肯德基

三对三

篮球实战教程

SAN DUI SAN

LAN QIU SHI ZHAN JIAO CHENG

中国教育学会体育与卫生分会　编

北京体育大学出版社

策划编辑：董英双
责任编辑：吴　珂
审稿编辑：董英双
责任校对：王顺初

图书在版编目（CIP）数据

三对三篮球实战教程 / 中国教育学会体育与卫生分会编. -- 北京 : 北京体育大学出版社, 2016.7
ISBN 978-7-5644-2337-7

Ⅰ. ①三… Ⅱ. ①中… Ⅲ. ①篮球运动 – 教材 Ⅳ. ①G841

中国版本图书馆CIP数据核字(2016)第156341号

三对三篮球实战教程　　**中国教育学会体育与卫生分会　编**

出　　版：北京体育大学出版社
地　　址：北京市海淀区信息路48号
邮　　编：100084
邮 购 部：北京体育大学出版社读者服务部 010-62989432
发 行 部：010-62989320
网　　址：http://cbs.bsu.edu.cn
印　　刷：北京昌联印刷有限公司
开　　本：710 × 1000 毫米　1/16
成品尺寸：170 × 228 毫米
印　　张：9.25
字　　数：150千字

2016年7月第1版第1次印刷
定　价：29.80元

编　写　组

主　编：于振峰

副主编：陈　钧　　首都体育学院

　　　　李　仁　　吉林东北虎篮球俱乐部

编　委：崔鲁祥　　沈阳体育学院

　　　　张勇军　　浙江稠州篮球俱乐部

　　　　刘光宇　　沈阳体育学院

　　　　张　磊　　首都体育学院

　　　　陈　臣　　首都体育学院

　　　　费小龙　　北京市看丹中学

　　　　李图南　　首都体育学院研究生部

编写说明

三对三篮球起始于20世纪50年代的美国，它是街头篮球的主要形式之一。半个多世纪以来，由于三对三篮球比赛简便易行、参赛条件宽松，以及它的健身、休闲、娱乐、教育和商业性等功能和价值突出，这项运动迅速在世界各地推展开来。我国正式开展三对三篮球竞赛的时间相对较晚，20世纪90年代在广州、北京、上海、南京等大、中城市先后举办三对三篮球比赛。一经开展，就引起了社会各界广泛的关注，受到大众、尤其是广大青少年的喜爱。

2004年，中国肯德基携手中国篮协共同创办了肯德基全国青少年三人篮球冠军挑战赛，11年来肯德基这一赛事在全国有289城次，21460队次和近140万人次参加。2015年，中国肯德基携手中国教育学会共同开创课外锻炼阳光体育新征程，通过班级联赛的形式将肯德基三人篮球赛这项经典赛事带入学校，走进班级。来自全国3000多所中学超过22万名学生参与其中，6000多名体育老师担任教练，参赛规模再创新高。在这样一个历史大背景下，如何给喜爱三对三篮球的青少年们提供一本适宜教材，给日常练习和比赛提供一定的理论指导， 就显得尤为迫切和重要。

中国教育学会和中国肯德基敏锐地把握了这一点，组织专家组成教材编写委员会，编写“三对三篮球实战教程”。在为期一年半的时间里，四次召开编委会，制定本书的编写指导思想、基本原则，讨论框架结构，编写体例，拍摄图片方案等；广泛听取不同意见，力求科学、严谨，精益求精。

本教材共分“概述篇”、“技术篇”、“战术篇”和 “规则篇”四个部分，既有内在联系又相互独立。具有以下几个特点：1.科学性：遵循青少年认知特点、身体发展、篮球运动技能形成等一般规律和篮球教材的逻辑关系，力求吸收最新篮球研究成果，在教材内容、方法等方面具有科学性。2.实用性：面向全国广大青少年学生实际，突出简洁实用的特点，通过经典实战案例展示技术动作和配合方法。3.普及性：面向全国广大青少年学生，坚持广泛参与，普及与提高结合。充分考虑大多数学生的身体发展特征、技战术基础和可接受性。4.健身性：内容涵盖了基本技战术、身体训练等，通过三对三篮球的训练和比赛，提高广大学生的身心健康水平。5.教育性：强调发挥篮球的综合育人功能。在学习篮球三对三基本技术、基本战术以及比赛的过程中，培养学生的公平竞争、团队协作、规则意识和顽强的意志品质。

本教材既可作为广大青少年学生、篮球爱好者自学、自练三对三篮球的宝典，也可作为体育教师参考用书。教材编写过程中参考了一些同仁和学者的文献，在此一并表示衷心的感谢！

三对三篮球理论研究空间还很大，本教材还存在一定的局限性，欢迎广大师生和其他读者批评指正。

编写组

2016年03月

目 录
CONTENT

概述篇

一、三对三篮球的起源及在中国的发展

（一）三对三篮球的起源

三对三篮球是街头篮球的主要形式之一。20世纪50年代，美国城镇贫民区的黑人青少年，在自家的后院或贫民区的空地上搭建一个简陋的篮球架，进行篮球活动，三对三篮球开始发展，进入萌芽期。

1965年，街头篮球创始人美国人霍尔考比·洛克先生，为避免贫民窟的青少年走上不良道路，对一片垃圾场进行了一系列改造，用沥青铺成球场地面，将街球比赛（三对三）搬到了哈林区第155号大街的公园露天广场举行。从此以后，哈林区第155大道的洛克公园(Rucker Park)成了一个被全世界街头篮球手们视为“街头篮球圣殿”的地方。它成为集美国文化、黑人文化、篮球文化于一身的“街头篮球麦加”，很多NBA球星从这里走出。

经过半个多世纪的发展，由于三对三篮球比赛组织简单、参赛条件宽松，以及它的健身、休闲、娱乐、教育和商业性等功能和价值突出，在世界各地迅速地推展开来，丰富了人们的生活，受到大众的喜爱，引起了社会各界广泛的关注。首次正式的三对三篮球赛是在美国的密执安州洛维尔镇的大众篮球节上举行，这是第一次有组织的三对三街头篮球赛。1992年首届世界三对三篮球赛成功在德国法兰克福举行，标志着三对三街头篮球这一非主流的贫民篮球活动发展到了一个新的高度。

2011年以来，国际篮联为使三对三篮球从草根项目登上奥运舞台，着力在世界范围内推广三对三篮球，在国际篮联官方网站为三对三篮球设立专门的网页，并制定了竞赛规则和一系列竞赛制度，在世界范围内构建了三对三篮球的赛事体系。其中包括三对三篮球世界杯、世锦赛、世青赛以及巡回赛等各种大型赛事。2012年和2014年分别在希腊的雅典和俄罗斯的莫斯科举办了世界三对三篮球锦标赛；2013年夏季由国际篮联举办的“三对三篮球世界巡回赛”由东京开始，历经世界6个城市，所到之处，万人空巷，三对三篮球的热潮以迅猛态势席卷全球。

（二）三对三篮球在中国的发展

我国的三对三篮球在民间早有开展，俗称“斗牛”，但举办正式的三对三篮球比赛时间相对较晚。1993年7月在香港维多利亚公园首次举办三对三篮球赛并大获成功。我国内地三对三篮球赛开展得最早的城市是广州、北京、南京等地，1995年在广州首次举办了 “羊城晚报杯”三对三篮球挑战赛，有约300支队伍报名参赛，轰动一时。到1999年第三届“百事可乐杯”三对三篮球赛参赛队伍已发展到1590支，创造了世界三对三篮球赛历史上规模最大、比赛场次最多、组别最全的一次比赛。

随着三对三篮球活动的日趋活跃，1998年中国大学生三对三篮球成立了专门的权威组织机构，即“中国大学生三人街头篮球联盟”，英文缩写为：“TBBA”。同样中国街头篮球也成立了自己的权威组织机构：“中国街头篮球联盟”，英文缩写为：“CSBA”。2002年6月1日中国街头篮球联盟成立，街盟网站正式开始运作。2002年6月10日成功注册 PlayBallShow.com 国际域名，并正式启用。

2004年，为了让中国的青少年更加健康、快乐的成长，中国肯德基携手中国篮协共同创办了肯德基全国青少年三对三篮球冠军挑战赛，并将三对三篮球运动推向全国。自此，中国的篮球少年们有了一个闪耀自己青春的舞台。2004年的“肯德基全国青少年三对三篮球冠军挑战赛”，在全国30个省、市、自治区的172个城市赛区同时开赛，共计9000余支队伍，48000余人参与，盛况空前。

肯德基三对三篮球赛举办至今已经经历了11个赛季，11年之间全国有289城次，21460队次和近140万人次参加。不仅参赛城市、参赛队伍和参赛人数的数量巨大，而且增长率也非常高，2005年至2011年赛季的参赛城市数量的平均增长率是16.17%，参赛队伍数量的平均增长率是19.32%，参赛人数数量的平均增长率是19.8%。肯德基三对三篮球赛的规模以每年接近20%速度迅速发展。

经过十余年的不懈努力，肯德基三对三篮球赛已成为全国规模最大、历史最悠久、最具影响力的青少年草根篮球赛事之一，集聚了众多草根青少年球员。2012年，中国肯德基在北京举办了首届“百佳争鸣肯德基三对三篮球训练营”，其宗旨是为在肯德基三对三篮球赛平台上涌现出的精英球员，提供专业、系统、深入、有趣的训练课程。2015年，中国肯德基携手中国教育学会共同开创课外锻炼阳光体育新征程，通过班级联赛的形式将肯德基三对三篮球赛这项经典赛事带入学校，走进班级。从2015年9 月班级联赛开始，来自全国 3000 多所中学超过22 万名学生参与其中，6000多名体育老师担任教练，参赛规模再创历史新高。篮球梦想，从校园起飞!参赛球员们在这个舞台上挥洒汗水、追逐梦想，迸发出了中国青少年健康、阳光、自信的青春。三对三篮球在我国青少年中获得了巨大发展。

在国际篮联力推三对三篮球进入奥运会的大背景下，我国的三对三竞技篮球也采取了一系列新的举措，并取得了一定的成绩。2010年在新加坡青奥会上，中国女队获三对三篮球比赛冠军，这是中国女篮夺得的第一项篮球世界冠军。2012国家体育总局篮球运动管理中心正式成立了“三对三篮球办公室”，以促进和规范国内三对三篮球比赛，推动三对三篮球运动的发展。2013年南京亚青会三对三篮球比赛中，中国男女篮分别夺得了金牌。2014年4月26—28日在广东佛山举办了全国三对三篮球锦标赛，这是我国国内举办的最高水平的三对三篮球赛事，各俱乐部队可选派本队在册运动员参加专业组比赛，且年龄不限。篮管中心也从参赛优胜队伍中选拔运动员组建国家队，参加泰国举办的亚洲沙滩运动会和美国举办的世界三对三篮球锦标赛。

近年来，我国还举办了一系列高水平的国际三对三篮球赛事，获得了国际篮联高度评价，2016年10月世界三对三篮球锦标赛将在中国广州举办。我国的三对三篮球在普及与提高两个方面均取得了显著成效，得到了党和国家领导人的关心。2014年8月15日下午，在南京第二届夏季青年奥林匹克运动会即将开幕之际，中共中央总书记、国家主席、中央军委主席习近平，亲切看望了参加这届青奥会的中国体育代表团。习近平总书记首先走到篮球场边，观看“三人制”篮球男队、女队训练比赛。教练员张云松介绍了篮球参赛情况，表示中国队要全力以赴打好每一场比赛，用精彩的表现回报广大球迷。习近平主席希望队员们团结一心、赛出水平，篮球要为我国“三大球”振兴作出努力。三对三篮球正走在蓬勃发展的快速路上。

二、三对三篮球的特点与价值

（一）三对三篮球的特点

三对三篮球除了具有篮球运动的集体性、竞争性、趣味性、健身性的一般特征外，还具有一些显著的特点：

1. 参赛条件相对宽松

三对三篮球对参赛队伍的组成、比赛场地、设备等方面要求不受诸多条件限制，相对宽松，故易于开展。只需半块篮球场，一个简易的篮架，既可以组织竞赛，也可以几个好友凑在一起比赛自娱，人员组成具有随意性。此外，参与这项运动的个人装备也简单，有一双篮球鞋和一套运动短装即可。这项运动具有平民化和普适性。

2. 比赛的组织相对简单

三对三篮球比赛一般采用先分组循环再淘汰的竞赛办法。加上这项赛事的上场参赛人数少，比赛时间短，比赛规则简化，只需一个裁判员和一个记录员。因此，与五人制篮球比赛组织相比，它赛程短，便于组织。

3. 比赛竞争激烈，偶然性增大

三对三篮球比赛每场比赛时间短,比赛场上队员少,每个队员承担了更多的攻守任务，因此竞争更加激烈，同时，三对三篮球比赛大多采用循环加淘汰制竞赛办法，比赛的偶然性增大。

4. 比赛中强调个人技术

三对三篮球比赛由于上场人数少，攻击区域相对扩大，因此个人进攻技术更容易发挥，个人攻击在比赛中的作用更加明显；同时对个人防守能力提出了更高的要求，总之，个人技术好的队伍往往容易取胜。

5. 比赛战术简单实用

三对三篮球比赛中的战术配合，多以两人间的小配合为主。强调简单和实用性，突出观赏性。

（二）三对三篮球的价值

1. 健身性

三对三篮球的技术动作和战术行动都是由跑、跳、投等基本动作组成，在场上队员为了争夺控制球权，急停急起，奔跑跳跃，个人攻守面积大，身体接触对抗频繁，经常参加三对三篮球训练和比赛，不仅可以促进速度、耐力、灵巧性、弹跳等身体素质的提高，而且还能改善中枢神经系统的机能，使运动分析器、前庭分析器，特别是视觉分析器受到良好的训练，有利于促进运动员动作的协调，提高观察判断和反应能力，增强循环、呼吸等器官系统的功能。此外，从心理健康角度来看，通过这项运动还可以疏缓工作、学习、生活的压力，宣泄情感，调整心理状态。

2. 教育性

在三对三篮球的训练和比赛过程中，由于这项运动的特点，它有助于培养青少年吃苦耐劳、坚韧不拔的品质，有助于培养青少年的合作意识和团队精神，增强自信心，学会尊重对手，遵守规则，养成良好的行为规范，培养正确的胜负观。三对三篮球是实现终身体育的有效途径，对于提高一个人的素质，尤其是青少年人格的完善有着积极的作用。

3. 休闲娱乐性

三对三篮球的特点，使得这项运动休闲娱乐性价值凸显。人们不分年龄、性别、职业以及训练程度，都可以在这项运动中，自娱自乐，娱人娱已，获得满足感。

4. 商业性

三对三篮球，由于其爱好者众多，尤其在青少年中已成为流行和时尚的运动。三对三篮球的比赛层次多，规模大，比赛场大多在公共场所。“肯德基”全国青少年三对三篮球挑战赛直接参赛有3000多所中学，22万余名运动员，遍及全国30个省、市、自治区，具有巨大的商业推广价值。

三、三对三篮球伤病的防治

（一）三对三篮球常见损伤

1. 扭伤

扭伤是三对三篮球运动中出现频率最高的一种运动损伤，轻者关节囊、韧带撕裂，重者断裂。常因运动员猛然转身时，动作幅度过大、技术动作僵硬或对方队员的冲撞，致关节活动超出其生理范围而引起关节周围软组织损伤，主要有膝关节内侧韧带扭伤、急性腰扭伤和踝关节韧带扭伤等。

膝关节韧带扭伤是下肢主要损伤部位，在三对三篮球运动损伤中高居第一位，三对三篮球比赛在半场范围内具有运行快速、争夺激烈等特点，要求运动员降低重心，经常处于屈膝姿势，以便有效地完成起动、急停、迅速转身、移动中突破跨跳等各种技术动作，从而使膝关节局部瞬间受到很大冲击力、持续应力和剪力作用，受伤几率相对高，因此其伤病具有多发性（多个附件同时受伤）、复合性（扭伤、拉伤等多种损伤同时发生）、综合性及难治愈性的特点。

急性腰扭伤也是三对三篮球运动中常见损伤之一，若治疗不及时很可能转化为腰肌劳损，导致运动生涯终止。三对三篮球运动贴身攻守对抗都以腰部用力完成，在完成急停、转身、跨步过人、个人防守和跳起空中拼抢等技术时，腰为中枢，所以极易受伤，严重影响正常训练、比赛和技术发挥。腰部伤病因受伤部位较深而不易治疗，常表现为难治愈的特性。

踝关节韧带扭伤是较常见的踝关节损伤，尤其是运动员在身体腾空抢篮板球或跳起投篮后，因落地时踩在他人脚上或落地缓冲动作不正确而失去重心控制时极易发生此类损伤，其受伤部位以关节的外侧韧带为主。

2. 拉伤

拉伤是篮球运动员在训练或比赛中，由于天气寒冷，或准备活动不充分、技术动作不合理、肌群协调性差等自身原因所致的主要运动性损伤之一。当运动员突然发力，在肌肉强烈收缩或被动牵拉，加载于肌肉（肌腱）上的牵拉应力或牵拉幅度超过其能承受的范围时最易发生，造成肌肉、肌腱撕裂、断裂或肌腱附着处的撕脱等损伤，常见的有股二头肌拉伤、跟腱断裂。

3. 挫伤

挫伤是三人制篮球比赛中由外部暴力致伤的主要运动性损伤之一。比赛中双方队员的频繁身体接触、冲撞，或接球时手指动作不正确及来自对方队员的伤害性行为（如用膝、肘部顶撞），使致伤率明显增高，如股四头肌挫伤就是进攻队员持球做交叉步突破时，其大腿前外侧部受到防守队员的膝部顶撞而最易发生的运动损伤。此类伤病可致肢体皮下脂肪、筋膜或肌肉、肌键等软组织受到不同程度的损害。

4. 骨折和脱位

骨折和脱位类损伤常发生在三对三篮球比赛和训练过程中，如运动员移动中突然蹬地跳起做抢篮板球或投篮等腾空动作后，因落地发生意外（踩在他人脚上或被踩所致的第五趾骨结节骨折）或落地自我保护动作不合理（失去平衡落地时前臂后撑所致的肘关节脱位）等情况下，发生骨折、韧带断裂、肌肉拉伤。骨折较集中部位是异形骨和短骨，如腕舟骨、掌骨、趾骨等。

（二）三对三篮球常见急性损伤的现场处理方法

1. 闭合性软组织损伤处理方法

急性闭合性软组织损伤在三对三篮球运动中经常发生，主要是扭伤、拉伤和骨折脱位等。正确的现场处理不仅可以防止受伤部位的进一步出血，减缓疼痛，而且有利于伤病的后期恢复。现场急救处理方法为局部制动休息（Rest）、冰疗（ice ）、压迫包扎（Compress ），以及抬高患肢（Elevation），又称RICE原则。

（1）局部制动休息

伤肢制动是急性损伤现场处理的重要措施，是有效地减轻伤病疼痛和组织出血、防止再次活动而加重损伤程度的重要措施。当队员受伤时，必然产生一种保护性自我制动的条件反射，此时切忌为了急于诊断和达到手法治疗的目的，使用按压、揉捏、转动、牵拉等方法，否则将加剧伤肢疼痛、局部出血和炎症。分析过去一些伤患部肿胀严重、愈后关节周围软组织增生明显的病例，其中一个重要的原因就是受伤早期的制动处理不当。为了加强制动休息的疗效，除患者自我控制伤肢不动外，还可使用钢丝托板、支撑保护带等。受伤后48小时内应连续执行制动休息的原则，禁止使用转动、牵拉等可能导致重新出血的治疗方法。

（2）冰疗

在比赛现场，受伤急救时的冰疗常采用氯乙烷配制的雾化降温剂作局部喷涂，旨在降低局部组织的温度和痛觉感受器的敏感性，促使受伤血管收缩，以产生明显的止痛、减轻伤部出血，以及阻止液体渗出的作用。同时也能降低局部组织的代谢率，缓解受伤部位的缺氧状况，有利于受伤组织的后期恢复。在条件较差的情况下，可先用凉水冲洗15~20分钟，但离开球场后，需继续使用冰袋作半小时的冷敷。伤后48小时内，禁用温度较高的热水冲洗（或热敷）患部。

（3）压迫包扎

这是伤病现场处理措施中最关键的一步。加压包扎不仅是伤病急性期中减少组织出血、防止伤部组织过度肿胀的有效方法，而且也是防止在恢复期中伤患组织内的结缔组织过度增生、受伤关节在恢复后明显比对侧健（肢）部肿大的疗法之一。在冰疗后最好用弹性绷带对受伤部位进行包扎，包扎所用的绷带的宽度宜宽一些，松紧也应适度。在包扎后5分钟，应检查一次伤部远端肢体有无发烧、发麻、发胀的现象。如果不易分辨时，可与对侧健肢进行比较，以便确认有无包扎过紧而出现的肢体远端缺血症状。一般在受伤急性期内，局部均有不同程度的进行性肿胀。因此，运动员自己也应注意观察远端肢体的颜色，如出现皮肤发紫、肢体麻木、疼痛加剧的症状，应立即报告，以便及时调整包扎带的松紧度。

（4）抬高伤肢

适当抬高伤肢能有效地改善血液循环，有利于淋巴液回流，促进肿胀的消退。肢体受伤后，由于疼痛保护性反射或软组织本身的伤病，使肌肉收缩对血（淋巴）液回流的推挤（压）功能暂时不能发挥作用，致使大量的血液因重力作用而滞留在受伤部位和四肢远端的静脉中，从而加重了局部出血和肿胀的病理过程。抬高伤肢的措施，充分利用了血液的重力作用，弥补了肌肉收缩“挤压泵”功能的不足，在一定程度上消除了血液回流不畅的因素，因而具有防止进一步肿胀和消肿的功效。一般而言，运动员下肢受伤后，身体宜取半躺位或坐位，足踝部垫（抬）起的高度应超过大腿部水平；取躺位时，下肢垫高应超过心脏水平。上肢远端受伤后，手腕部应抬高，并超过心脏水平。

2. 开放性软组织损伤处理方法

开放性软组织损伤是指伴有皮肤、粘膜的完整性受到破坏，伤口直接与外界相通的软组织损伤。三对三篮球运动中最常见的有擦伤、挫裂伤等。此类损伤的现场处理是有效止血，保护创面和防止感染。

（1）止血

采用有效方法止血，如手指受伤可用另一侧拇指和食指压住出血手指的两侧动脉。当出血严重，一般压迫止血方法效果不佳而必须使用橡皮筋、胶布条等带状物实施止血时，应特别注意结扎的松紧度应以刚好阻断动脉血流（不出血）为宜。结扎止血带的时间要注意，一般上肢每20—30分钟必须缓慢解除止血带一次约5分钟，下肢每45—60分钟必须解除止血带一次约5分钟，使伤肢间断恢复血液循环一次，并随时观察结扎止血后肢体远端的状况（参见“压迫包扎”），防止因结扎过紧或止血时间过长，引发神经损伤或远端肢体缺血性坏死。当伤口不再继续出血、创（口）面血液已凝固时，可缓慢松弛止血带，密切观察有无继续出血现象。

（2）保护创面，防止感染

在训练时，若场地离医务室、医院不远，原则上不要用任何未经严格消毒的物品覆盖在创面上，应快速到医务室、医院进行清创等处理。若创面上有异物时，禁用嘴吹或用一般水冲洗，以防止进一步感染。若运动队经常在远离医务室的训练场地（赛场）训练（比赛），且又无随队医务人员时，建议助理教练员随身准备一个常规外伤小急救包，以便应急。急救包内至少应有碘酒和酒精各一小瓶、消毒橡胶手套、棉签、棉垫、纱布、胶布、绷带、止血带、三角巾、上肢小夹板（一副）等。局部消毒操作时应特别注意由创面中心逐步（画圆圈式地）向外周消毒。

3. 骨折与脱位处理原则

当发现受伤局部出现明显畸形、剧烈锐痛时，原则上应立即按骨折、脱位的病案作现场处理，切忌在未弄清楚伤病的情况下擅自实施手法复位等治疗。闭合性骨折和脱位的现场处理原则主要是:临时夹板固定、肢体制动，以减轻疼痛，避免再伤以及便于转送。当环境温度较低时，还要注意保暖。对于开放性骨折或脱位，除止血、保护创面、防止感染外，也应对患肢进行临时制动与固定。固定时最好按患肢受伤后的自我保护性姿态进行，尽量不要移动伤肢，以免加重运动员的疼痛和伤情。

（三）三对三篮球损伤预防策略

1. 提高自我保护意识，强化自我保护技能的专门训练

提高自我保护意识和强化自我保护专门技能的训练是现代篮球运动训练的重要内容之一。由于三对三篮球运动属于身体直接接触、高强度对抗、空中动作很多的竞技性运动项目，提高自我保护意识、强化保护动作的专门训练，是积极预防出现意外损伤的一个关键环节，具有很强的自我保护意识和很高的自我保护技能是优秀篮球运动员的特征之一，因此，将自我保护意识和动作（技巧）的训练，作为篮球技术训练课必不可少的一个内容来抓，对于提高和保持球队战斗力具有十分重要的意义。

（1）自我保护意识

自我保护意识包括运动员对对方队员可能使用的伤害性动作（如快速突破上篮时，对方可能从身后做“推人”的动作）的预见和对其他情况（如自我动作的合理性、场地器材等）的估计两方面。运动员的思想上始终应有一根自我保护的“弦”，但同时也不要因为怕受伤而不敢拼搏和不敢大胆完成技、战术动作。

（2）自我保护动作

自我保护动作有两方面，一方面包含了篮球运动员在掌握和完成技术动作时所具有的（规范、协调以及合理等）自我保护性，如运动员在完成运球后转身摆脱对方的动作时，当头部转动带动躯干转向后，作为中枢的右脚应随同及时地使脚跟微离地，以前脚掌为轴心随身体向左侧快速转动。如果队员忽略了脚步的这一正确动作，而以右全脚为轴心，全脚（粘滞）拖拉外旋或滑动转向（“拖脚”），右膝处于外翻位，当急转身用力过猛或受到对方从右侧方向而来的推挤力量时，极易造成右膝关节内侧副韧带、内侧半月板损伤，以及右腿内侧肌群的拉伤。另一方面，自我保护动作还包括了运动员抵抗对方伤害性动作的能力。通过专门的训练，使运动员具备能有效地“避开”“化解”或“扛住”来自对方伤害性行为的素质和技巧，这也是自我保护技术训练的重要内容。

2. 加强全面身体素质训练，注意对跨关节小肌群和韧带的专门训练

根据现代篮球运动的发展趋势和针对我国篮球运动员专项技术训练较早、体格普遍较“单薄”的实际情况，教练员更应加强对队员的全面身体素质训练。抓全面的身体素质训练，不但要强化大肌群的力量、耐力、柔韧等训练，而且还要特别注意对跨关节小肌群的训练。一方面，随着篮球技术的发展，以大关节作为运动轴完成的技术动作（如以肩为轴的运球技术）日益增多，而跨关节小肌群在投篮、运球时控制球的“球感”方面、在与大肌群协同发力，以及技术动作的控制与精细调节等力一面，越来越发挥着极其重要的作用。另一方面，疲劳往往从小肌肉开始，伤病往往在弱组织发生。跨关节小肌群因体积小和肌力不足，在训练和比赛中最易疲劳和受伤，从而保护性地直接或间接影响大肌群作用的发挥。因此，围绕跨肩、肘、腕，以及膝、踝关节的小肌群，教练员应专门安排有针对性的训练，以改善运动员的整体身体素质条件。

3. 充分做好准备活动和整理活动

充分做好准备活动是预防运动损伤的重要措施之一。在准备活动中除采用动力性辅助练习外，还应特别提倡使用静力性牵张练习。在使用静力性牵张练习时应注意以下三点:

（1）缓慢牵拉，逐步到位。尤其是对跨关节小肌群、韧带，以及曾经受过伤的肌肉韧带，以防止出现微牵拉伤或不易察觉的再受伤。

（2）大、小肌群和韧带的并重牵拉练习，即不可忽略对围绕容易受伤的关节周围的小肌群、韧带的牵拉练习。

（3）按照先牵拉小肌群、韧带，后牵拉大肌群的原则进行牵拉练习。但对大肌群、韧带进行牵拉，由于牵拉的力量和动作幅度较大，要注意可能造成大肌群周围的小肌群、韧带因未充分活动，肌肉组织粘滞性又较高而出现的牵拉伤。跨关节牵拉顺序应是腕、肘、肩、踝、膝、髋。动力性准备活动练习中的瞬时（短暂）生理负荷强度应适当提高，最好接近比赛时的负荷强度，以使机体内脏植物神经系统的机能水平快速动员起来，并留下强度“痕迹”，以适应比赛一开始即进人强对抗状态的篮球运动的需要。

使疲劳、僵硬的肌肉充分放松，内脏系统工作水平逐步恢复到安静状态，是整理活动的主要内容，它对于促进人体疲劳的消除、防止肌肉因僵硬而失去良好的本体感受性、预防运动性疾病（“内伤”）的发生具有重要的意义，教练员应当高度重视。

4. 加强医务监督，防止过度训练

加强医务监督既是科学化训练的重要组成部分，又是使训练和比赛顺利进行的医学保障。因此，国内外许多优秀的教练员历来都十分重视这项工作。医务监督工作主要包括三个方面：

（1）督促和检查运动员坚持进行常规的自我检查，使他们养成自测晨脉和体温、书写训练日记的良好习惯。在运动员的训练日记中，应记录晨脉和体温的数据、对训练的身体反应、主观感受、食欲、睡眠、运动情绪等内容，女运动员还应记录月经的情况，从而使运动员的自我医务监督习惯化和制度化。

（2）注意观察运动员在训练中和训练后的机能反应，如训练时的动作灵敏性、反应速度、协调性等，一旦发现异常反应，则应及时采取相应的调整措施，如减运动强度等。每次训练前，还应有意识地检查一下训练场地、器材的安全性能，尤其是在较为陌生的环境进行训练或比赛时，更要高度重视，以防止意外伤害的发生。

（3）定期常规医学检查是医务监督中不可忽略的内容，同时也是教练员获取每一名运动员生理机能状态数据的重要途径。通过对运动员的血红蛋白浓度、激素水平等一系列生理生化指标的系统医学检测，教练员可深入了解运动员的身体机能、营养状况，及时调整训练计划，有效地防止过度训练。

5. 经常使用保护支持带

对于曾经受过伤的关节部位应在确信已完全康复，且肌肉、韧带的抗牵拉、扭转的力量已足够强大之前，在训练和比赛时经常使用保护支持带（如使用胶布带、弹性绷带）等，以防止重复受伤，拖延病程，影响训练和比赛。

技术篇

一、进攻技术

（一）外线进攻技术

1. 外线摆脱防守获得球技术

（1）“V”（Z）形摆脱

动作方法：进攻队员向下（端线）、向限制区移动，突然向上线移动，摆脱防守接球，如（图2-1）。

图2-1

要求：① 进攻队员向下移动和向上移动摆脱要有节奏的变化；

② 摆脱跳步接球时，要在空中调整身体，做到落地后两脚尖、身体对着篮，做到“三威胁”。

（2）下压弹出摆脱

动作方法：进攻队员向前压几步，突然用跳步或交叉步向后弹出接球，如（图 2-2）。

图2-2

要求：① 进攻队员向前压的几步要慢，弹出要快；

② 摆脱跳步接球时，要在空中调整身体，做到落地后两脚尖、身体正对着篮，做到“三威胁”。

（3）后转身摆脱

动作方法：进攻队员在防守紧逼下也紧贴靠防守，用左脚做中枢脚左后转身，同时用力蹬地弹开，摆脱防守跳步接球，如（图2-3）。

图2-3

要求：① 进攻队员贴靠防守队员后转身，后转身、蹬地弹出动作连贯迅速；

② 摆脱跳步接球时，要在空中调整身体，做到落地后两脚尖、身体正对着篮，做到“三威胁”。

小贴士

“三威胁”姿势：是指球员在接到球的瞬间双膝微曲降重心，双脚开立与肩部同宽，腰部绷直，躯干稍前倾；双手持球于胸腹间，眼睛平视前方的姿势。

利用“三威胁”姿势可以进行传球、运球突破和投篮。要做到“三威胁”姿势，需要将投篮手置于球后部，手腕后屈并屈肘，另一只手在球前部稍向下，前臂约弯曲45° 以保护球。将球置于体侧，胸部与髋关节之间，屈膝，身体稍向前倾（但要保持平衡），这几乎是所有一对一对抗的开始姿势。

2. 外线摆脱防守获得球后攻击技术

（1）45度摆脱接球———跳投

动作方法： 进攻队员先向端线移动，再突然向上线移动，伸臂接球。跳步接球急停时脚尖对篮，然后跳起投篮，如（图2-4）。

图2-4

要求：进攻队员向下，再往上线移动时注意节奏，一般向下移动慢，向上快。接球即急停（跳步急停），投篮起跳快速有力。如防守跟防到位，则可结合假动作闪躲后再投，或采用突破等攻击行动。

（2）反跑摆脱---0度角急停跳投

动作方法：进攻队员先向上（有球侧）移动两步，再突然向底线0度角移动，接球急停跳投，如（图 2-5）。

图2-5

要求：进攻队员向上移动要做要球动作，再突然向0度角移动。往上线移动两步短促，向下移动快，要扬手看球。接球即急停（跳步急停），投篮起跳快速有力。

（3）摆脱接球——突破假动作——原地跳投

动作方法：进攻队员跳步接球急停，原地做突破摆脱虚晃假动作，防守后撤后，直接原地干拔跳投，如（图2-6）。

图2-6

要求：进攻队员突破假动作要逼真、到位，要注意观察防守的应答情况，防守——后撤，进攻队员即快速果断起跳投篮。

（4）摆脱接球——投篮（或突破虚晃）假动作——同侧步（交叉步）突破上篮（急停跳投）

动作方法：进攻队员摆脱接球后，做投篮（或突破）假动作。当防守队员身体重心上移、跳起封盖时（或堵截一侧时），进攻队员立即突破上篮（或急停跳投），如（图2-7，2-8）。

图2-7

图2-8

要求：进攻队员投篮假动作要逼真，做假动作时两腿屈曲，保持低重心。突破蹬跨有力，侧身推放球加速整个技术动作连贯，注意保护好球。（不带球跑）

（5）摆脱接球——同侧步运球突破至限制区——跳步摆脱防守投篮

动作方法：进攻队员摆脱接球后，同侧步（或交叉步）快速运球突破至限制区内，限制区内遇阻，进攻队员单脚起跳，在空中双手持球由下至上摆脱防守，双脚急停跳起做投篮，如（图2-9）。

图2-9

要求：进攻队员突入限制区前注意观察，单（脚）起（跳）双（脚）落，双手持球摆脱防守，投篮快速有力、协调连贯。跳步急停后注意侧身保护好球。

小贴士

1. 高运球：右手为例。原地高运球时，两腿微屈，目平视，手用力向前下方推按球，球的落点在身体侧前方，使球反弹的高度在胸腹之间。行进间高运球时，手按拍球后上部，手脚协调配合，使球有节奏地向前运行。这种运球，身体重心高，速度快，便于观察场上情况。

2. 低运球：以右手运球为例。低运球时，重心下降，上体前倾，用上体和腿保护球。同时用手短促的拍按球，使球从地面向上反弹的高度在膝部以下，以便更好的控制球和摆脱防守继续前进。

（6）摆脱接球——原地胯下运球变向——跳投

动作方法：以从防守队员右侧佯突为例。进攻队员摆脱接球后，面对防守运用胯下运球变向（或背后运球变向），摆脱防守跳投，如（图2-10）。

图2-10

要求：进攻队员运球时注意观察防守队员的防守意图。胯下运球变向时，注意运球的节奏、身体的假动作，要保护好球。摆脱防守瞬间，果断快速起跳投篮。

小贴士

胯下运球：以右手运球为例，变向时，左脚在前，右手拍按球的右侧上方，将球从两腿之间运至身体左侧，然后上右脚，换手运球，加速前进。

（7）摆脱接球——向前运球突破假动作——回拉球急停跳投

动作方法：以从防守队员右侧佯突为例。进攻队员接球后以右脚为中枢脚，向防守右侧运球突破；防守队员后撤步堵防；进攻队员立即将球向身体的右侧回拉，接球急停跳投，如（图2-11）。

图2-11

要求：进攻队员向左前做运突时，要注意假动作的幅度，要压住身体，保持低重心和身体平衡；随回拉球身体抬起，回拉球动作幅度要大、要快速。“突破——回拉球——跳投”整个技术动作协调连贯，注意节奏。

（8）摆脱接球——运球突破——后转身（背后）运球摆脱防守——投篮

动作方法：以从防守队员右侧突破为例。进攻队员向篮下（底线）运球突破，当防守队员堵底线时，进攻队员以右脚为中枢脚做运球后转身，摆脱防守急停跳投。在实战中，根据防守情况，也可采用背后运球摆脱防守进攻，如（图2-12）。

图2-12

要求：进攻队员向底线运球突破要坚决，要注意观察防守的真实意图，后转身时要贴靠防守队员，撤右脚将防守队员挡在身后。转身运球动作连贯，注意保护好球。

小贴士

背后运球：以右手运球向左侧变向为例，变向时，右脚在前，右手将球拉到右侧身后，迅速转腕拍按球的右后方，将球从身后拍按至身体的左侧前方，然后换左手运球，左脚在前，加速前进。

（9）摆脱接球——运球突破减速——加速上篮（行进间投篮）

动作方法：以从防守队员右侧突破为例。进攻队员摆脱接球后快速向篮下运球突破，防守队员持续跟防，进攻队员则突然减速（或急停），再突然加速超越摆脱防守上篮，如（图2-13）。

图2-13

要求：进攻队员运球减速（急停）、加速要突然，节奏变化明显。配合头部和上身的假动作则效果更好。运突过程注意观察防守意图，减速（急停）、加速时注意保护好球。

（10）上线移动（要球）——反跑摆脱——跳起空中接球投篮

动作方法：进攻队员向上线移动欲接球；防守队员积极卡堵上线；进攻队员突然向篮下“反跑”，在篮下跳起空中接球后直接投篮，如（图2-14）。

图2-14

要求：进攻队员向上线移动要球动作做得要逼真，“反跑”要突然、快速。移动中要看球，掌握好起跳时机，在空中接传球、投篮动作连贯，保持好身体平衡。

（二）内线进攻技术

1. 内线队员抢位接球技术

（1）固定抢位接球

动作方法：内线进攻队员固定站位，两脚开立，两膝微屈，上体伸展略含胸，身体重心稳定。一只手上举示意同伴传球落点，另一只手置于身体侧后触摸防守队员，感知对方的位置和动向。接球时要伸臂迎球，向来球的方向移动脚步，接球后，立即把球拉向身前，指、腕用力握球，两肘张开，如（图2-15）。

图2-15

要求：若防守队员伸臂在中锋体前干扰接球，内线进攻队员则用同侧手臂把对方手臂挡开。在实战中，内线进攻队员两腿和臂、腰部要用力防止对方挤压，两脚要随时准备向对方绕出的方向移动，用同侧脚卡住对方的绕出脚，保持自己的有利接球位置。

小贴士

双手击地传接球：传球时，后脚蹬地，身体重心前移的同时手臂向前下方内旋伸出，拇指、食指和中指用力把球拨出，球落在离同伴1/3处。接球时，两手手指自然分开，拇指相对成八字形，用指根以上部位接球，手心空出。两肘自然弯曲于体侧，将球置于胸腹之间的部位，身体成基本站立姿势。

（2）移动抢位接球

①上步——横跨步体抢位接球

动作方法：以内线进攻队员（中锋）从防守队员右侧做横跨步抢位为例。内线进攻队员（中锋）落在低位，由左向右横滑抢位，开始右腿向右跨出一步，同时上体虚晃吸引对手。紧接着右脚内侧用力蹬地，同时转胯，插臂侧肩，左腿插向防守人的身前，举臂扬手，背向篮紧贴防守人，面向球横滑步切入，在防守人身前接球，如（图2-16）。

图2-16

要求：内线进攻队员（中锋）开始右腿向右跨出的是一小步，一是想做向上线要球，二是腾出空间。右脚蹬跨、左肩插入、横滑动作有力、连贯。

② 后转身抢位接球

动作方法：以内线进攻队员（中锋）从防守队员右侧做后转身抢位接球为例：内线进攻队员（中锋）落在低位，左腿向左横跨一步，同时上体虚晃，跟着右腿插向防守人两腿之间，以右脚为中枢脚，紧贴防守人做后转身抢位，把防守人挤在身后，两臂高举张开，抢位于对方身前接球，如（图2-17）。

图2-17

要求：内线进攻队员（中锋）开始左腿向左横跨是一小步，右腿插向防守人两腿之间动作快，后转身同时要挤靠防守队员。

小贴士

1. 双手胸前传球：双手手指自然分开，拇指相对成“八”字，指根以上部位持球。手心空出，两肘自然弯曲于体侧，将球置于胸腹之间的位置。身体为基本站立姿势，眼睛注视传球目标。传球时，后脚蹬地，身体重心前移的同时手臂向前方内旋伸出，拇指、食指和中指用力将球拨出。

2. 单手体侧传球：以右手传球为例。两脚开立两腿弯曲，双手持球于胸前，传球时，右手持球后引，经体侧向前作弧线摆动，手腕前屈用食指中指的力量拨球，将球传出。

③ 高位横跨步抢位接球

动作方法：以内线进攻队员（中锋）从防守队员右侧做横跨步抢位接球为例。这种脚步多用在内线队员（中锋）插上外策应位置的抢位接球。中锋在面向防守人的移动中，在即将到达接球位置时，右脚快速迈出一小步，脚落地的同时，右脚内侧用力蹬地，举臂上扬带动身体，左腿横跨在防守人的身前，腰、臀用力将防守人卡挤在身后，伸出双臂接球。如防守紧，横跨步有困难，也可采用，右脚做中枢脚，后转身抢位，如（图2-18）。

图2-18

要求：横跨步抢位蹬地时，腰胯要用力，在举臂上扬带动身体同时，要用背、臀挤靠防守队员。

2. 内线队员个人进攻技术

（1）背对篮接球——原地假动作——转身跳投

动作方法：以内线进攻队员（中锋）向右侧做假动作为例。内线进攻队员（中锋）落低位，背对球篮接球；向右侧转头转肩虚晃，然后右脚内侧用力蹬地，以左脚为中枢脚，前转身跳投，如（图2-19）。

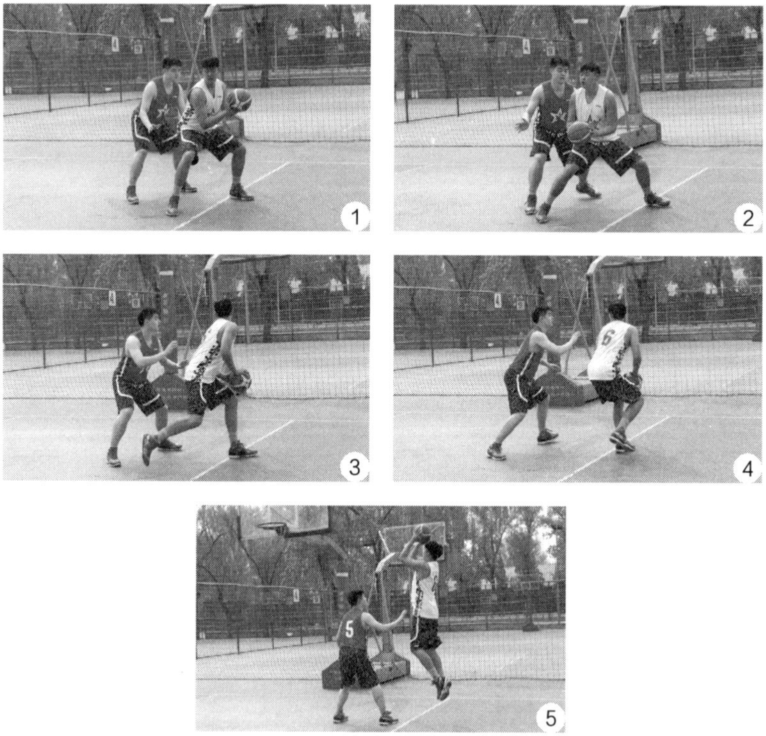

图2-19

要求：假动作要逼真。在向右侧转头转肩虚晃时，要注意观察对手反应（用背部感知对手动向），做假动作时重心不要抬起，注意保护好球。起跳有力，保持好身体平衡。

（2）背对篮接球——运球转身跳投

动作方法：以内线进攻队员（中锋）右手运球转身跳投为例。内线进攻队员（中锋）落低位，背对球篮接球；接球后原地右手运球做向底线佯突，吸引防守，然后突然以左脚做中枢脚，运球转身跳投，如（图2-20）。

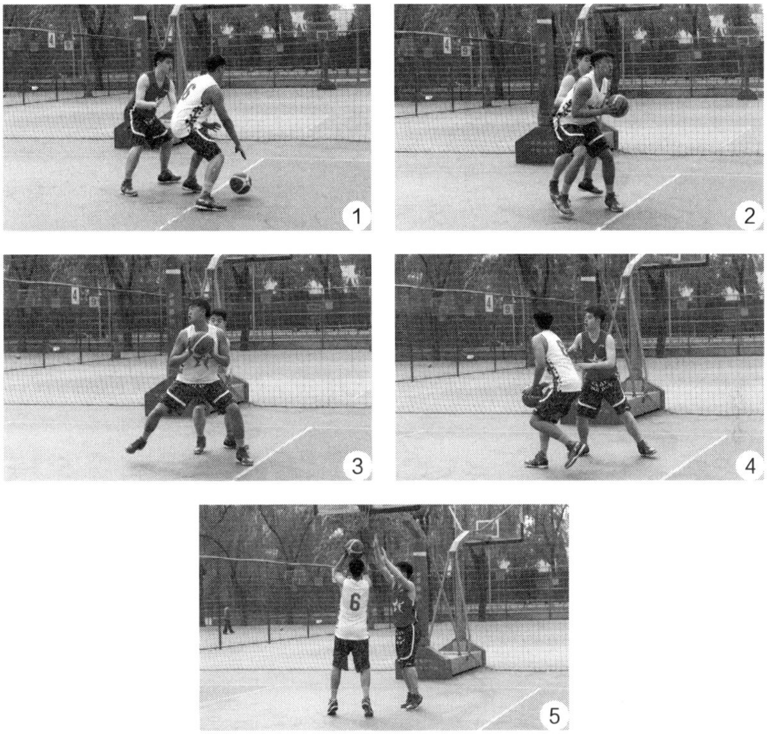

图2-20

要求：向底线做运球佯突假动作要逼真，运球时要挤靠防守队员并感知防守动向，要保护好球。运球转身、急停动作快速连贯，起跳有力。

小贴士

转身运球：以右手运球为例，变向时，左脚在前为轴，做后转身的同时，左脚前脚掌碾地，右手将球拉至身体的左侧前方，然后换手运球，加速前进。运球转身时，要降低重心，不要上下起伏，手型要正确，以免违例。

（3）背对篮接球——运球后撤步转身跳投

动作方法：以内线进攻队员（中锋）左手运球后撤步转身跳投为例。内线进攻队员（中锋）落低位，背对球篮接球。左腿后撤同时放球，顺势转身跳投，如（图2-21）。

图2-21

要求：接球时背靠防守队员，注意观察和感知防守的位置及动向，后撤步转身时将防守队员挡在体侧或身后。后撤步放球、转身挤靠防守投篮动作连贯，脚步清楚，不要带球跑。注意保护好球。

（4）横切——接球——勾手投篮

动作方法：以内线进攻队员（中锋）右手勾手投篮为例。内线进攻队员（中锋）由左侧向右侧横切要球，接球同时跨步起跳，右手做勾手投篮，如（图2-22）。

图2-22

要求：横切起动要突然，要看球， 接球跨步有力，跨步同时要用身体（左肩）要挤靠防守。注意保护好球。接球、跨步、投篮动作连贯，勾手投篮手法柔和，空中保持好身体平衡。

（5）横切——接球（虚晃假动作）——转身跳投

动作方法：以内线进攻队员（中锋）右手投篮为例。内线进攻队员（中锋）由左侧向右侧横切，采用横滑步要位，将防守队员挡在身后接球，接球同时头部、身体向右侧做虚晃假动作，右脚用力蹬地转身跳投，如（图2-23）。

图2-23

运用变化，虚晃假动作转身后，防守跟防，内线进攻队员做投篮假动作，防守扬手跳起封盖，进攻队员右脚蹬地前插（防守右侧），右脚落地同时起跳，左手投篮。如（图2-24）。

图2-24

要求：接球同时做假动作，后背要紧靠防守队员，要根据转头观察和背部的感觉，判断防守队员的位置和预测防守队员的动向。做假动作和转身时要注意保护球。

（6）背对篮接球——前转身——突破上篮（ ）

动作方法：内线进攻队员（中锋）向下虚晃，插上到罚球区位置，背对篮接球，然后前转身面对篮，做投篮假动作，交叉步运球突破（或顺步）上篮，如（图2-25）。

图2-25

要求：前转身后要做到“三威胁”，假动作时注意观察防守动向。突破时，蹬跨有力，转体探肩、侧身推放球快速连贯，保护好球；脚步清楚，不要带球跑。

小贴士

单手胸前传球：以右手传球为例。传球时，持球方法与双手胸前传球相同。传球时，上体稍右转，右手腕后屈引球，右臂迅速前伸，屈腕，手指拨球，同时左手离球，将球传出。

（7）背对篮接球——后转身（撤步）突破上篮

① 进攻队员背对篮接球后，用后转身撤步突破，即以左脚为中枢脚，右脚向后撤步的同时，右手向右侧后方运球，左脚用力蹬地，面向篮。用左手快速抄球，迈左脚上篮，如（图2-26）。

图2-26

② 进攻队员做虚晃上提至罚球线上跳步急停接球，向右做假动作，撤右脚后转身右手放球，左手运球上篮。接球或突破放球时，脚步清楚，不要走步，注意保护球。

小贴士

双手头上传球：双手举球于头上，两肘弯曲，两手手指自然分开，拇指相对成“八”字形，用指根以上部位持球。近距离传球时，前臂内旋，手腕前屈，拇指食指和中指用力拨球，将球传出。传球距离较远时，脚蹬地腰腹用力，前臂迅速前摆，手腕前屈，手指用力将球传出。

（8）下顺抢位—接球—贴靠防守—投篮

动作方法：内线进攻队员（中锋）位于罚球线，当球传至左侧45° 时，先向右做虚晃动作后，突然沿限制区向篮下移动，利用滑步并举起双臂下顺抢位接球投篮，如（图2-27）。

图2-27

要求：下顺要把握好时机，下顺时举起双臂，同时要贴靠防守。下顺、接球、挤靠投篮动作连贯有力。

（9）后转身面对篮------虚晃跳投

动作方法：以左脚做中枢脚为例。内线进攻队员（中锋）在中位接球，做后转身接向右侧虚晃突破假动作，防守一后撤，迅速起跳投篮，如（图2-28）。

图2-28

要求：后转身接虚晃假动作连贯，假动作逼真，注意观察预判，起跳投篮快速有力。

（10）后转身面对篮------虚晃交叉步突破上篮

动作方法：以左脚做中枢脚为例。内线进攻队员（中锋）在中位接球，做后转身接球向右侧虚晃突破假动作，交叉步突破上篮，如（图2-29）。

图2-29

要求：虚晃突破注意节奏，蹬跨、转体探肩、推放球加速动作连贯。注意脚步清楚，保护好球。

小贴士

1. 抢进攻篮板球：冲抢是抢进攻篮板球的关键因素。当进攻出手之后，首先判断好球的落点方向，利用虚晃、迂回、转身等动作绕过防守人的阻挡抢占有利位置从而抢得进攻篮板球。

2. 如何判断球反弹的距离？

答：一般投篮距离与反弹的距离成正比。

3. 如何判断球反弹的方向？

答：一般在45度角投篮时，球反弹对侧45度角或反弹到投篮一侧，正对球篮的投篮，一般球反弹在正面的可能性较大。0度角投篮时，球弹向对侧0度角或反弹回投篮时的区域。

二、防守技术

（一）防有球队员技术

1. 防守投篮

动作方法：首先应采用贴近防守的方法，让其难以投篮出手。其次是根据其投篮技术运用的特点采取针对性防守。如果对手习惯右手投篮或上右脚起跳投篮，防守队员可以上左脚伸左臂进行阻挠和破坏，迫使其改变习惯的投篮动作，如（图2–30）。

图2–30

要求：当对手起跳时要迅速跳起，伸出手臂（对手投篮侧手臂）进行阻挠和封盖。

小贴士

防守基本站立姿势一般分为两种，一种是两脚前后站立姿势，另一种是两脚平行站立姿势。

1、两脚分前后站立：两脚前后站立，前脚同侧手臂向前上方伸出，另一只手臂侧伸。这种防守姿势便于前后移动，对防守投篮比较有利。

2、两脚平行站立：两脚平行站立，两手臂侧伸不停挥摆。这种方法防守面积大，攻击性强，便于左右移动，适合于贴身防守运球和突破。在对手运球停止时，封堵传球及进行夹击防守配合时均可运用平步防守。

2. 防守突破

动作方法：积极移动，两臂侧下伸出扩大防守面积，堵截进攻队员运球突破线路。防守中应遵循两条原则：一是堵中路迫使其向边、角运球；二是堵强手迫使其用弱手运球。在防守持球突破能力较强的对手时，要根据对手习惯、技术特点采取相应对策，如（图2-31）。

图2-31

要求：防守突破时，防守队员重心要降低，一只手臂要放在对手胸前干扰对手手中的球。

小贴士

1. 交叉步：交叉步是移动的一种方法。向右移动时，左脚前脚掌内侧用力蹬地从右脚向前右侧横跨出，同时右脚碾地，上体随之右转，左脚落地后，右脚迅速向右侧方继续跨出，抢占有利的防守位置。

2. 平滑步：两脚平行站立，两膝较深弯曲，上体微向前倾，两臂侧伸。向左侧滑步时，右脚前脚掌内侧蹬地，左脚向左跨出，在落地的同时，右脚紧随移动，向左脚靠近，两脚保持一定距离，左脚继续跨出。在滑步时，要保持屈膝低重心的姿势，身体不要上下起伏。重心保持在两脚之间，眼要注视对手。

3. 防守运球

动作方法：防守队员要面对进攻队员防守，防守距离一臂，运用撤步和滑步偏于球的一侧防守，始终堵球于自己两脚之间，如（图2–32）。

图2–32

要求：防守队员保持低重心，移动中保持平稳。应始终观察球的动向，与进攻队员保持一臂距离，若对方将球过于暴露，防守队员可积极打球将运球破坏。

小贴士

1. 后撤步：撤步时，用前脚掌内侧蹬地，腰部用力向后转体，前脚后撤，同时后脚的脚前掌碾地，当前脚后撤着地后，紧接滑步，保持身体平衡和防守姿势。

2. 攻击步：攻击步是防守队员突然向前跨出的一种动作。这种步伐是利用后脚蹬地，前脚迅速向前跨出，逼近对手。运用攻击步时，用前脚的同侧手伸出抢球、打球或干扰对手的进攻动作。

4. 防守传球

动作方法：防守时要根据其位置和视线，判断其传球意图。防守队员有时上前贴近对手，挥动手臂封锁其传球，迫使向无进攻威胁的位置传球；有时可向后移撤步，协助同伴防守，使对手不能顺利传球给处在有利位置的进攻队员，同时要伺机抢断球，如（图2-33）。

图2-33

要求：挥动手臂封堵，注意观察进攻队员意图，保持好身体平衡。

小贴士

1. 抢球：抢球时，首先要判断好时机，在持球队员思想松懈或没有保护好球而使球暴露比较明显时，迅速接近对手，以快速敏捷有力的动作，把球抢夺过来。

2. 打球：打球就是击落对方手中球的方法。当进攻队员持球、运球、投篮时，防守队员可以用快速的脚步移动，抢占有利位置，掌握好时机，进行打球。打球时，动作不可过大，用力不要过猛。

3. 断球：断球是截获对方传接球的方法。断球时，屈膝，身体重心下降，准备起动。当球刚从传球队员手中传出的一刹那突然起动，单脚或双脚用力蹬地跃出，身体伸展，两臂前伸，将球截获。如距离较远可加助跑起跳。

（二）防无球队员技术

1. 强侧防守动作

动作方法：防守距离球近的对手时，经常采用面向对手侧向球的斜前站立姿势。靠近球侧的脚在前，屈膝，重心在两脚之间，便于随时起动，堵截对手摆脱移动的接球路线。伸外侧手臂，拇指朝下，掌心向球，封锁传球路线，干扰对手接球，如（图2-34）。

图2-34

要求：低重心，贴身错位防守，注意观察，人球兼顾。

2. 弱侧防守动作

动作方法：防守距离球较远的对手时，为了便于人球兼顾和协防，经常采用面向球、侧向对手的站立姿势，两脚开立，两腿稍屈，两臂伸于体侧，掌心朝上。密切观察人、球的动向，如（图2-35）。

图2-35

要求：注意观察，人球兼顾，与所防守的进攻队员的距离，一般以他距球的远近来定，注意对限制区的保护。

3. 防纵切

动作方法：当对手纵切时，防守队员应抢前移动，合理运用身体堵截纵切路线，同时伸出手臂封锁接球，迫使对手向远离球方向移动，如（图2-36）。

图2-36

要求：防守队员在迫使无球进攻队员远离防守的移动过程中，要紧紧挤靠进攻队员。

4. 防弱侧横插

动作方法：当进攻球员横切要球时，防守队员应当合理运用身体堵截，同时伸出手臂封锁接球，不让其从自己身前横切要球，同时应贴近对手迅速滑步，迫使其向场角移动，如（图2-37）。

图2-37

要求：观察判断及时，运动迅速，敢于身体对抗。

5. 防强侧反跑

动作方法：当进攻队员向上做摆脱要球假动作后反跑时，对应的防守队员应迅速下滑、面向、贴近对手，同时转头伸出手臂封锁接球路线，如（图2-38）。

图2-38

要求：观察预判准确，跟防过程要转头看球、伸臂干扰封堵。

6. 防溜底线

动作方法：防守队员开始面向球滑步移动卡堵对手，以肩膀部位接触对手，跟随其移动，同时伸出手臂封锁接球。待对手移过纵轴线进入强侧时，防守队员迅速上右脚前转身贴近对手，伸手臂封锁传球，将对手逼向场角，如（图

2-39）。

图2-39

要求：观察预判准确，跟防过程要挤靠溜底队员，同时转头看球、伸臂干扰封堵。

（三）防内线队员技术

中锋防守多数在篮下，这是攻、防争夺最激烈的地区。中锋不仅要防住对方中锋，还要协防和补防同伴的漏防。因此，中锋的防守任务是很繁重的。中锋防守技术的好坏，直接影响到全队防守力量的强弱。

1. 防守强侧内中锋位置选择的方法

（球在罚球线上、罚球线下；进攻中锋靠底线落位）

动作方法：当持球人在罚球线延长线以上时，防守中锋应偏在进攻中锋的外侧位置上，如（图2-40）；当持球人在罚球线延长线以下，两翼45° 角时，防守者运用身前防守的动作，身体下蹲，坐在对手的大腿上，一只手臂不停挥动干扰传球；另外一只手臂紧贴对手腿部；两腿弯曲，迫使对手向后移动进入限制区。如（图2-41）；当球在底角时，运用靠近底线站位，阻止、干扰对手接球；一只手臂伸出挡在传球路线上，后面脚站在对手脚后面，尽力将对手往线上挤。如

（图2-42）。

图2-40

图2-41

图2-42

要求：防守队员要注意观察和预判，根据球的位置及时调整防守位置。两腿屈曲低重心，保持平衡，用肩、臀挤靠进攻队员，扬手干扰进攻队员接球。

小贴士

1. 抢防守篮板球：防守队员的抢位主要是先挡人，利用后转身、前转身和跨步等动作把对手挡在自己身后，堵住进攻队员向篮下冲抢的移动路线。

① 后转身挡人

② 跨步前转身挡人

2. 如何判断球反弹的距离？如何判断球反弹的方向？
答：见“抢进攻篮板”。

2. 防守弱侧内中锋位置选择的方法

动作方法：防守队员应站在篮下中轴线偏球的一侧，离传球线一步的位置上，近球一侧的脚稍在前，两臂侧张开，人球兼顾，如（图2-44）。

图2-43

要求：防守队员注意观察和预判，人球兼顾，控制限制区。

3. 防守外中锋位置选择的方法
（球在正面、侧面）

动作方法：防守外中锋时，防守者应当站在靠近进攻中锋的侧面防守，如（图2-44、2-45）。

图2-44

图2-45

要求：防守队员注意观察和预判，两腿屈曲低重心，保持平衡，用肩、臀挤靠进攻队员，扬手干扰进攻队员接球。

战术篇

一、进攻战术基本原则和配合方法

（一）进攻战术配合基本原则

1. 扬我之长，攻彼之短

三对三篮球比赛要求进攻方必须在12秒中内尝试投篮，这条规则的规定促使三对三比赛的战术必须简练实用。因此在三对三篮球比赛中战术配合运用和变化中最重要的一条是“扬我之长，攻彼之短”，就是随时要发挥自己的长处，攻击对方的短处和弱处，尽量避免自己弱点的暴露，抑制对方特长的发挥。例如我方拥有强力内线，对手内线队员实力偏弱，就要围绕内线队员进攻为核心设计进攻战术，若拥有一名突破能力强的队员，则要利用他的突破进行战术设计。

2. 进攻战术打法运用灵活机动

要根据三人攻防特点，确定3人落位阵型：“一个内线队员，两个外线队员”；“三个外线队员”；“一个外线队员，两个内线队员”。确定阵型后，要组织一套基本运球和传球的路线和打法，但是战术运用要机动灵活，不能机械呆板，更不能盲目无组织的仓促进攻，要通过个人的积极行动和两三人配合，创造良好的投篮时机来结束进攻。

3. 进攻战术配合节奏恰当准确

进攻配合时要善于运用不同的速度，有快有慢，开始组织配合时，可利用中等速度，人球不停移动，寻找机会，一旦出现有利时机，则要果断加速。当然配合过程中时间因素也很关键，一个简单的进攻配合，不仅仅是位置、路线、配合和技术动作，同一配合，同一技术动作，若时间早一点，晚一点，均会影响配合的成功。

4. 进攻战术配合简单实用

三对三篮球比赛人数少，进攻时间短，因此对个人进攻能力提出更高要求，更多的战术配合依靠个人突破或简单的两人配合创造得分机会。

5 抢篮板球战术设计是进攻战术配合的延续

三对三篮球比赛中抢获进攻篮板球可以增多进攻次数，增加得分机会，抢获防守篮板球可以快速转换成进攻，组织得分。因此攻方一旦投篮，防守方要形成三角挡人阵势，不让攻方冲入限制区内抢获篮板球，同时，一旦获球，有同伴要快速移动到三分线外接球，伺机进攻；攻方一方面要组织1、2人抢前场篮板球，另一方面则要形成防守阵型，阻拦其向三分线外的一传，延缓其进攻。

6. 进攻战术配合中始终贯彻攻守转换的理念

三对三篮球比赛规则规定：防守方抢到篮板球、抢断球，必须传球或运球出圆弧外继续进攻；对方投篮命中，非得分方必须传球或运球出圆弧外继续进攻。进攻方投篮后，必须考虑到防守的转换，若不能及时转换，对位落好防守阵型，攻方可能会利用快速打法迅速得分。

小贴士

三对三篮球比赛战术

主要是两三人之间有目的、有组织的协调作战的简单攻守配合方法，它是运动员在场上捕捉或利用不同时机、不同人员位置、不同路线、不同动作、不同节奏，相互协同行动、相互配合，创造机会，以达到预定的攻守目的。

三对三篮球比赛进攻战术是两三名进攻队员之间为了创造攻击机会，合理运用技术而组成的配合方法。三对三篮球比赛防守战术是指防守队员之间为了破坏对方进攻配合或当防守出现困难时及时协作的配合方法。

根据三对三篮球比赛方法，其战术实施过程可以分为组织发动、配合攻守和结束转换三个阶段。组织发动阶段包括两种情形：一是进攻方接到防守方递交球后的组织发动，二是对方投篮命中或抢到防守篮板球后，攻方传球或运球出三分线后的组织发动。

（二）队员落位阵型

三人篮球比赛中从位置分工的角度看，场上位置可以划分为前锋、中锋和后卫。中锋队员主要落位于内线，活动区域主要在距离球篮5米以内，攻、防争夺激烈，是联系外线的中枢，承担着内线攻击的重任。因此，要求中锋身材高大、体格健壮、个人攻击能力强，具有良好的战术意识，具有拼抢篮板球的意识和能力，能为全队战术组织起到枢纽作用。前锋多处在进攻的最前沿，位于罚球线延长线两侧的地区，活动范围广，担任队内的主要攻守任务。要求前锋身材高大、具有良好的身体素质，技术上要既全面，又要有特点，个人攻击能力强，有良好的战术意识和助攻能力。后卫队员是临场比赛的组织者和指挥者，是比赛的核心队员，承担着组织全队攻守任务。后卫进攻的主要活动范围是罚球区弧顶外及附近两侧。要求后卫队员技术全面、控球能力强、能投善突、能妙传助攻，具有良好的战术意识和沉着、冷静、机智的头脑及观察、分析、判断、指挥全队攻守的能力。

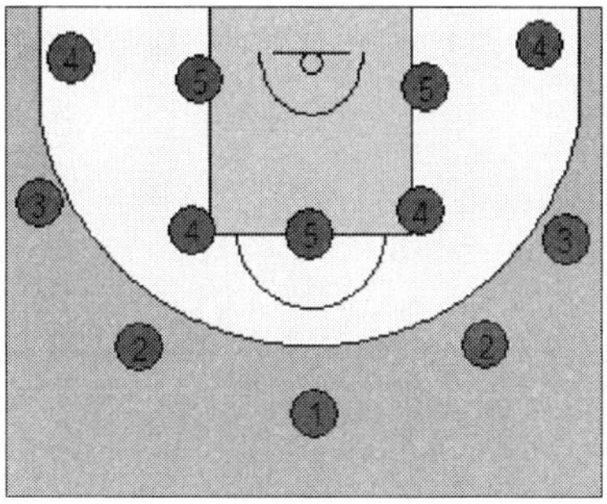

图3-1　常用各位置落位方式结构图

根据5人篮球比赛场上分工，5名队员依据不同特点分为1号位为组织后卫、2号位为得分后卫、3号位为小前锋、4号位为大前锋、5号位为中锋。根据参加比赛人员特点，三人篮球比赛中人员搭配会形成如（图3-1）所示的6种基本组合。

（1）1号位、3号位、5号位队员组合的4种落位形式，如（图3-2、3-3、3-4、3-5）（每式均可左右站位，下同）。

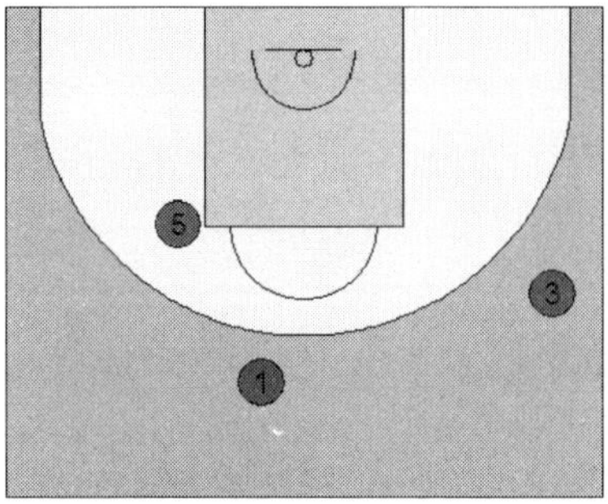

图3-2

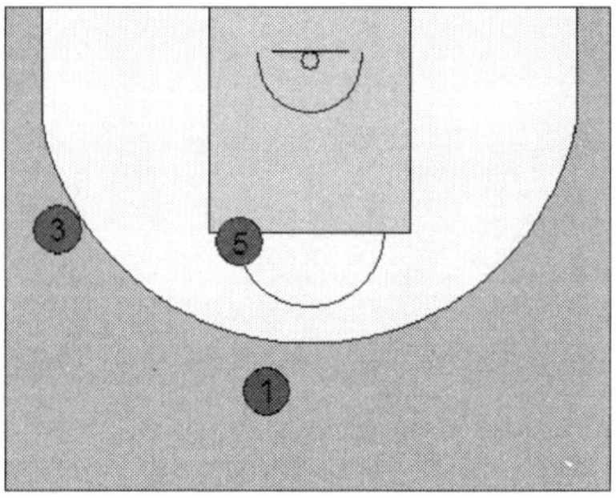

图3-3

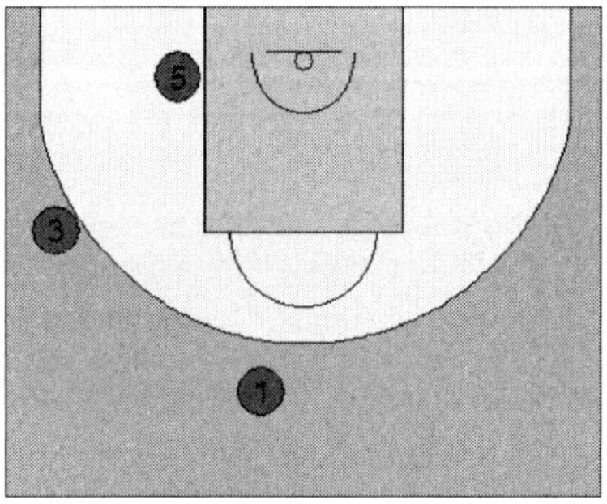

图3-4

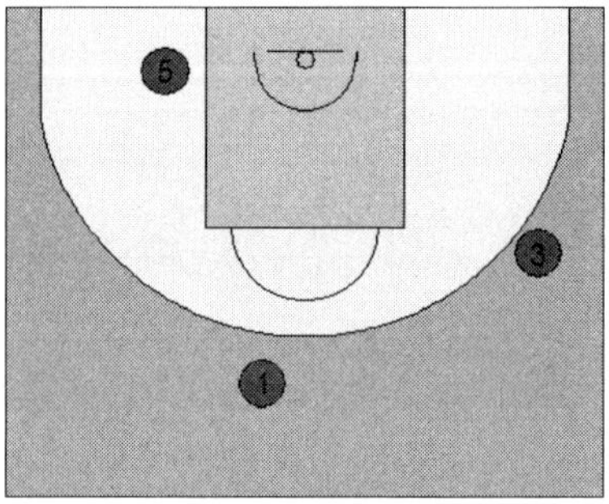

图3-5

（2）1号位、2号位、3号位队员组合的4种落位形式，如（图3-6、3-7、3-8、3-9）。

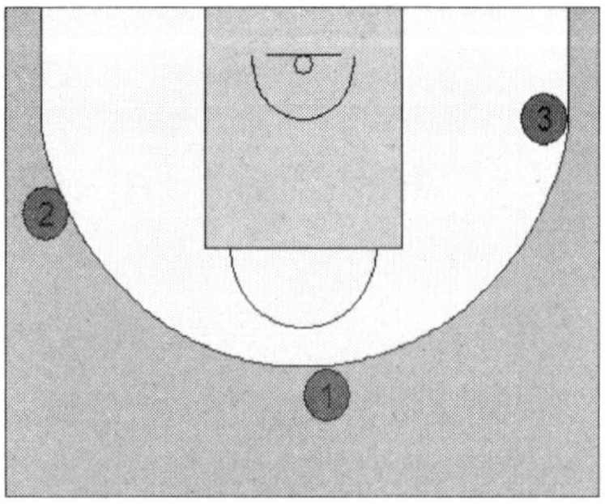

图3-6

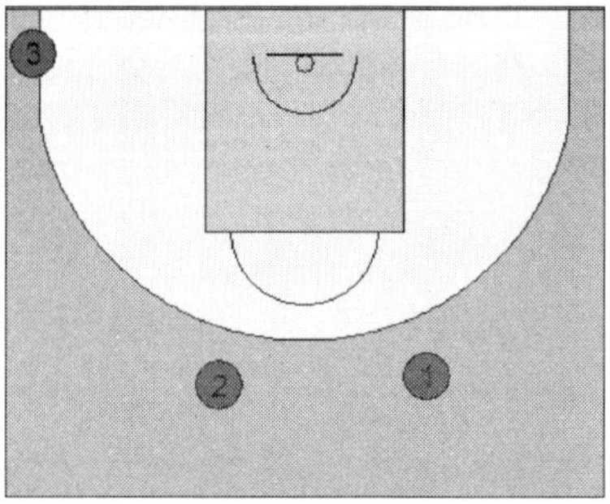

图3-7

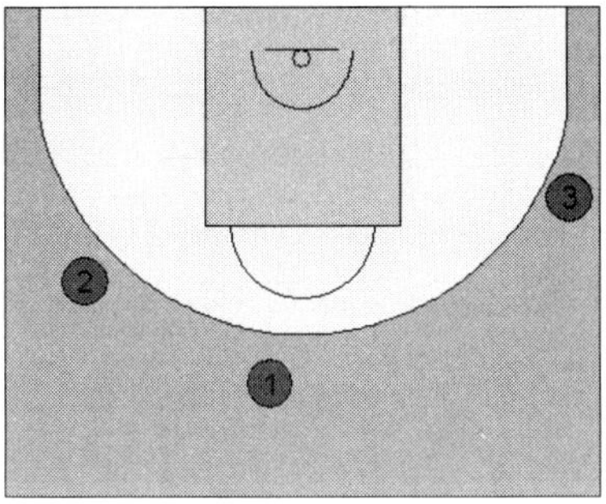

图3-8

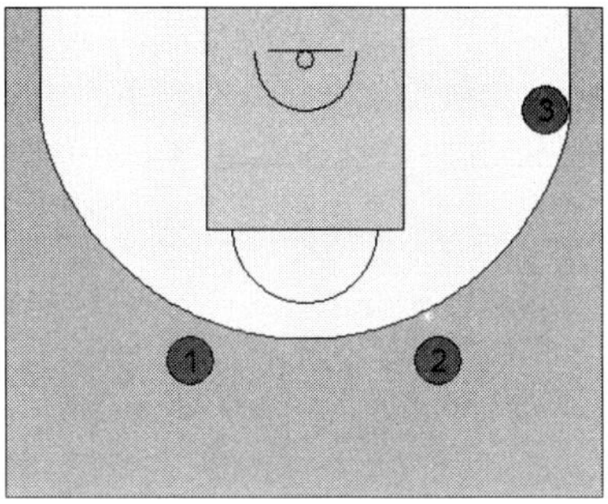

图3-9

（3）1号位、3号位、4号位队员组合的落位方式，如（图3-10、3-11、3-12、3-13）。

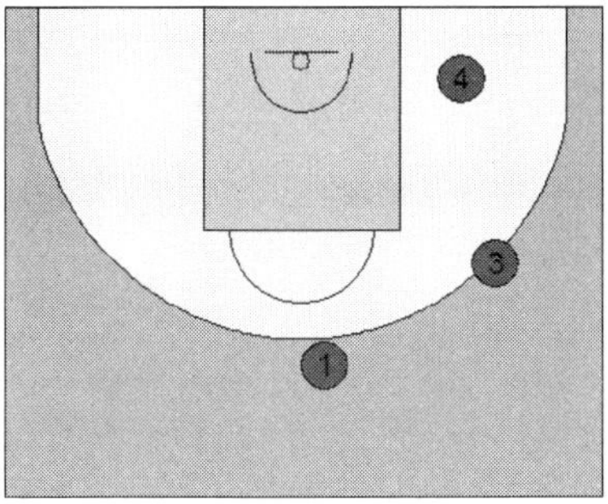

图3-10

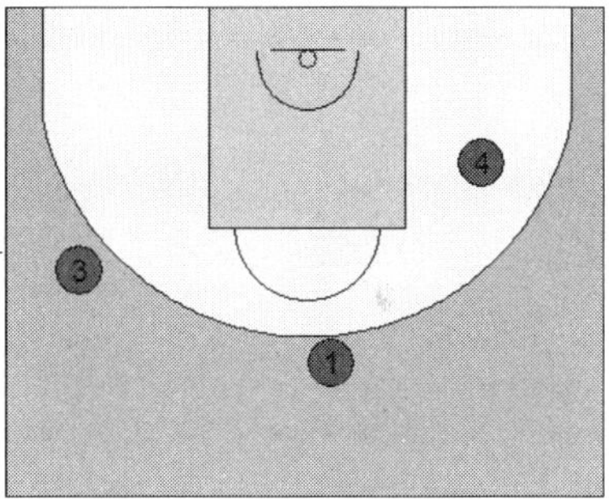

图3-11

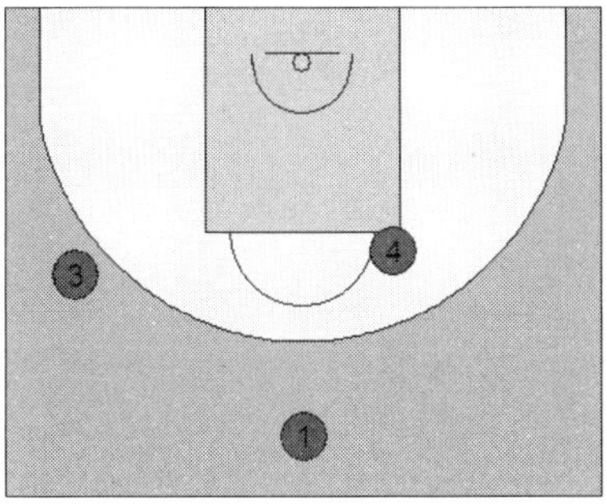

图3-12

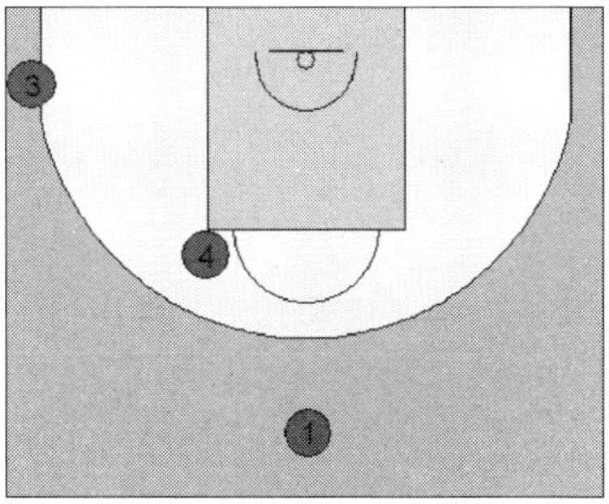

图3-13

（4）1号位、2号位、5号位队员组合的落位形式，如（图3-14、3-15、3-16、3-17）。

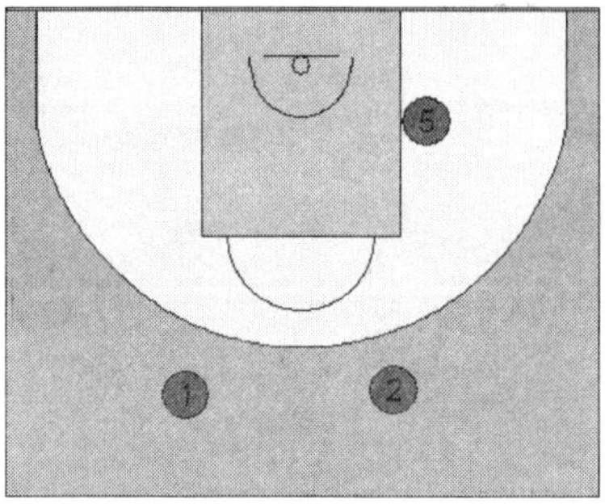

图3-14

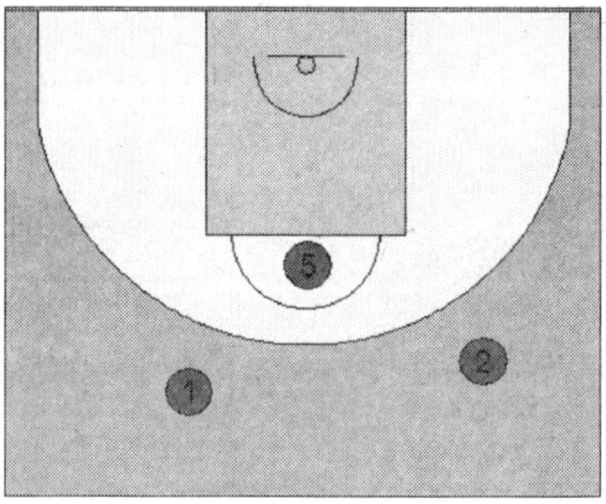

图3-15

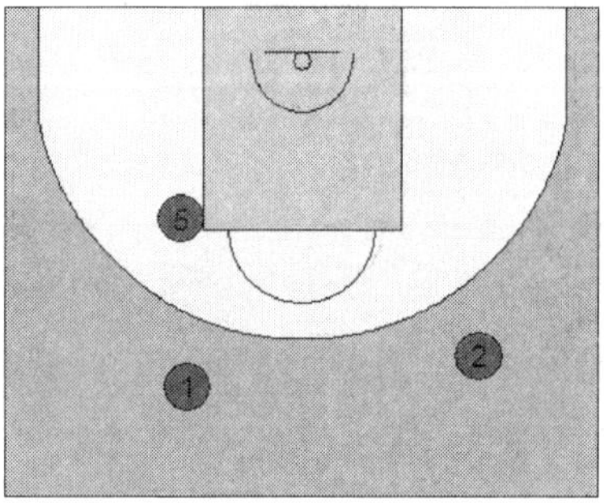

图3-16

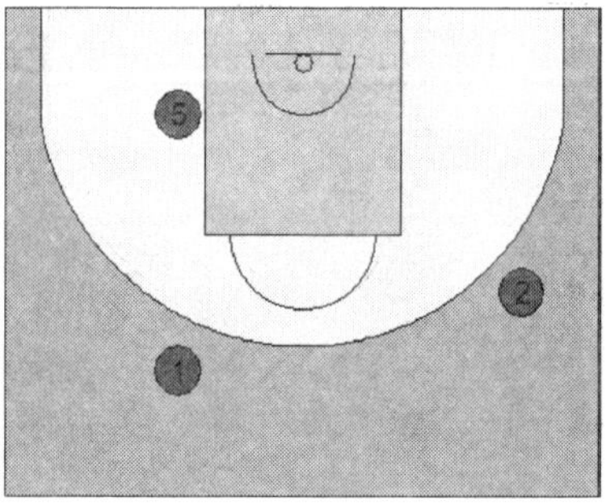

图3-17

（5）1号位、4号位、5号位队员组合的落位形式，如（图3-18、3-19、3-20、3-21）。

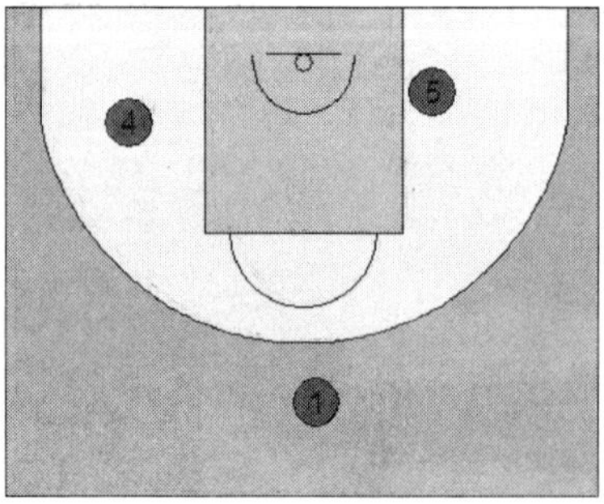

图3-18

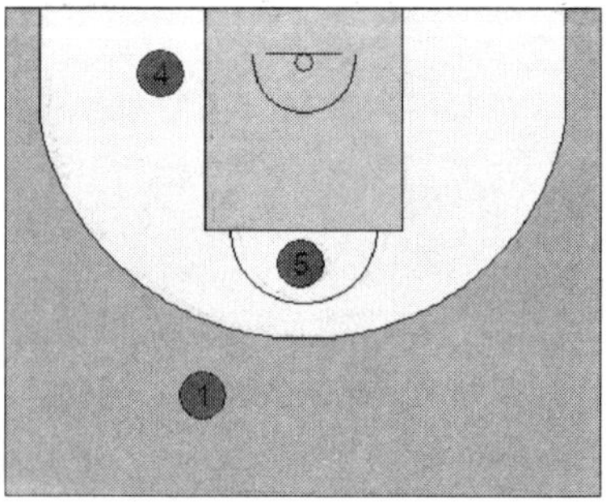

图3-19

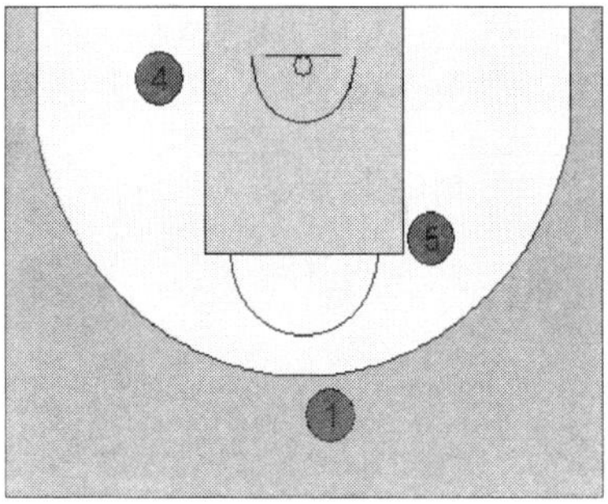

图3-20

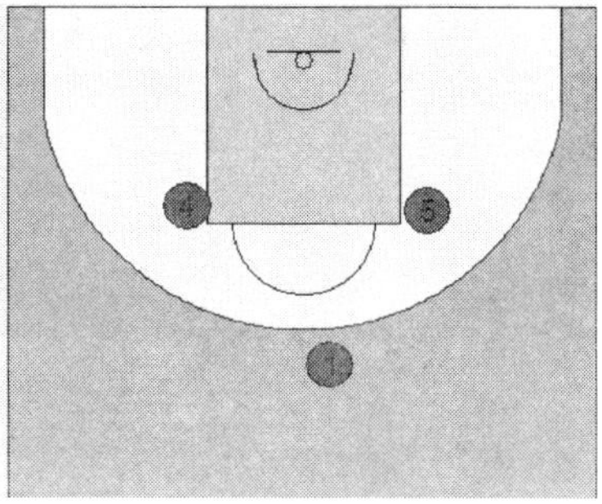

图3-21

（6）3号位、4号位、5号位队员组合的落位形式，如（图3-22、3-23、3-24、3-25）。

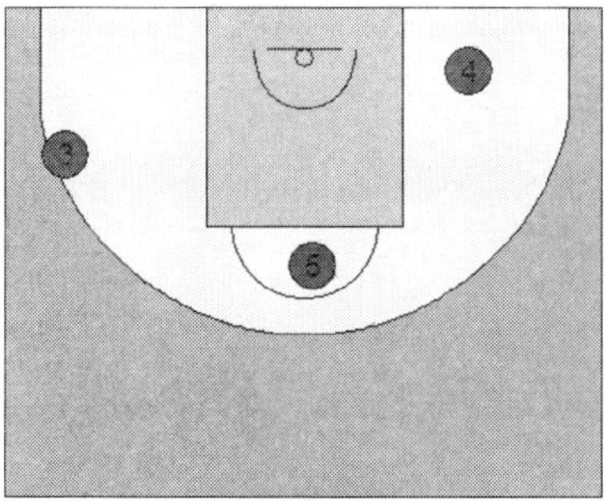

图3-22

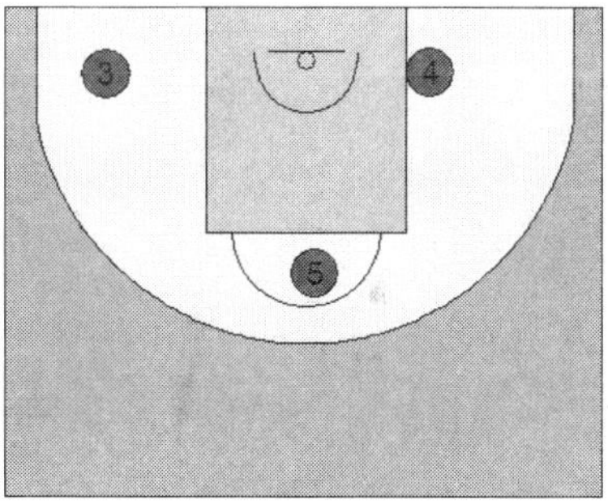

图3-23

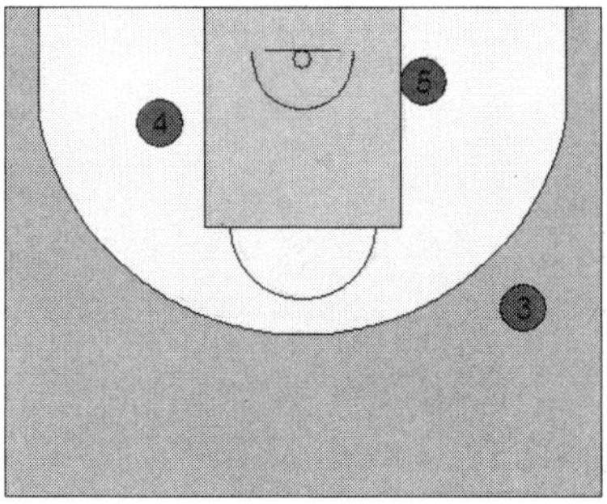

图3-24

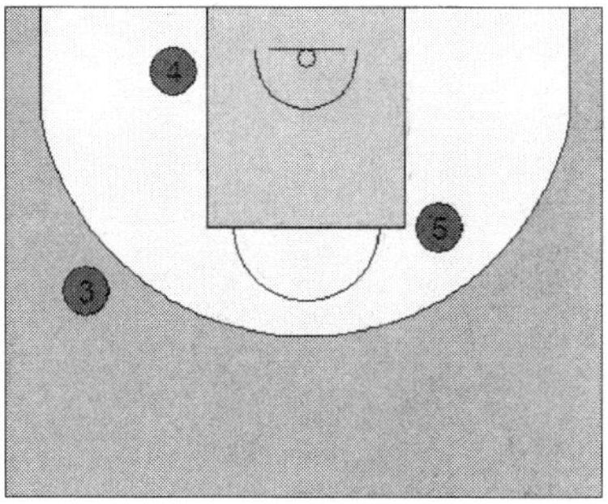

图3-25

（三）不同位置队员组合落位方式和配合方法

1. 1、3和5号位队员组合的基本落位方式与常用进攻配合方法

此组合阵容要求拥有一名高大内线策应队员和两名外线队员。内线策应队员要具有良好的策应意识和技术，外线队员具有良好的外线投篮技术和切入技术。这种结构配置内外进攻点较平均，利于内外结合，主要以单中锋策应为重点，结合掩护切入等配合方法，若内线队员个人攻击能力较强，则需要在策应基础上，加强个人篮下强攻。

示例1：中锋策应切入配合

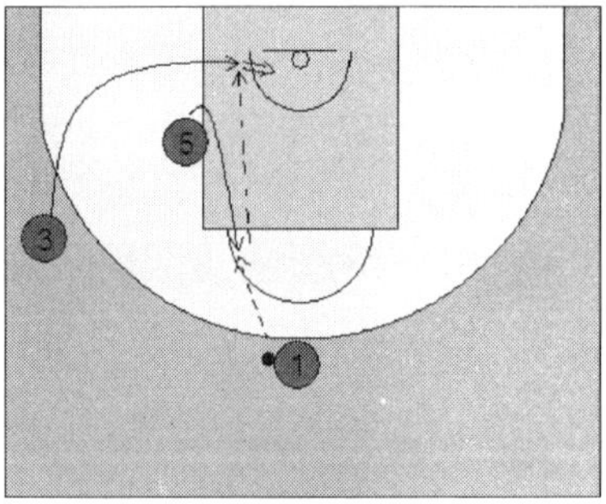

图3-26

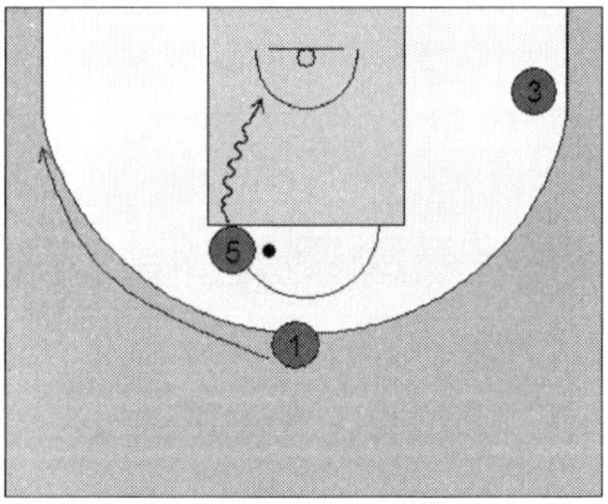

图3-27

配合方法：当①在圈顶持球，③、⑤在一侧落位时，⑤摆脱防守队员插上罚球线策应接①传球，③摆脱防守向篮下反跑切入，接⑤的传球上篮；⑤伺机传球给③或自己转身中投（图3-26）。若③摆脱防守切入篮下受阻，应尽快拉开空间跑到另一侧，①在紧接着绕⑤包切，摆脱防守准备接回传球投篮，若无传球机会，⑤可以选择自己进攻（图3-27）。

要求：⑤策应接球时，应伸手臂示意同伴传球的时机和方向；③应掌握切入时机，当⑤接到球后瞬间起动。

小贴士

切入要有突然性，篮下如无机会要尽快拉开空间。

示例2：给无球队员掩护、切入配合

配合方法：①传球给45度角的③，⑤提到罚球线以上位置给①作后掩护；①假动作吸引防守，利用⑤的掩护，摆脱防守向篮下切入，接③的传球上篮，若无机会向两侧拉出（图3-28）。如①、⑤防守队员换防，⑤掩护后转身抢位，伺机在罚球线处要位接球进攻或向下后转身下顺要球（图3-29），以大打小。

要求：③接球后要有三威胁姿势，做出攻击威胁，①要等掩护到位后突然摆脱切入，⑤掩护后要随机应变，准备跟随切入或拉出接球投篮。

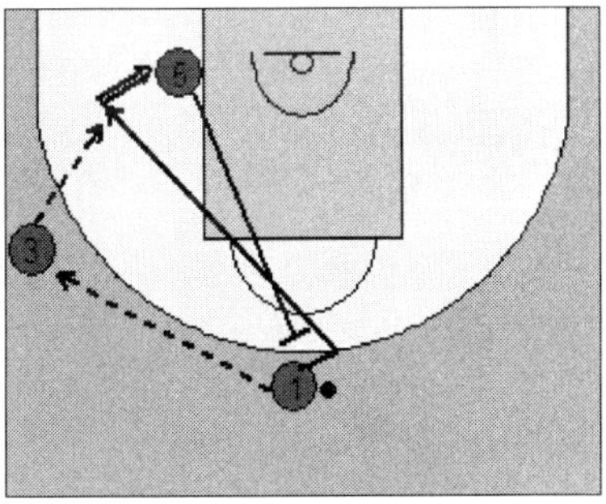

图3-28

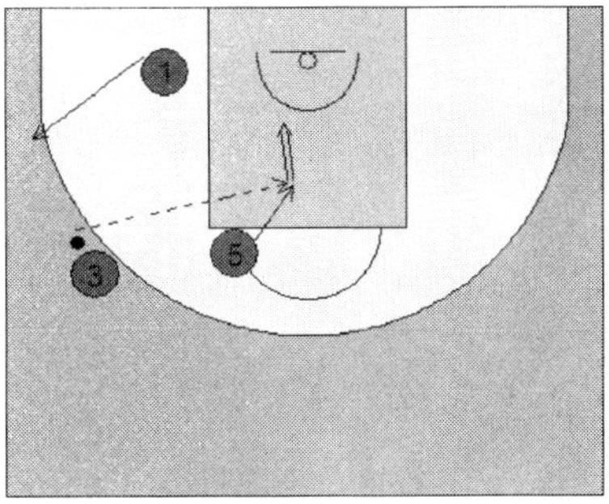

图3-29

小贴士

掩护后要转身抢位，切入后保持相互之间距离。

示例3：高位挡拆配合

配合方法：①持球于弧顶，中锋⑤突然跑上来为后卫①在弧顶高位处做掩护，前锋③在另外一侧拉开空间准备接球远投，①利用掩护快速突破上篮或急停中距离跳投，当对方换防时，⑤转身跟进或拉出接①传球投篮,③在外围移动寻找机会接球（图3-30）。

要求：①要利用运球吸引防守，紧贴掩护队员运球突破。⑤掩护后应立即做转身挡住防守者，随时准备接球或抢篮板球。

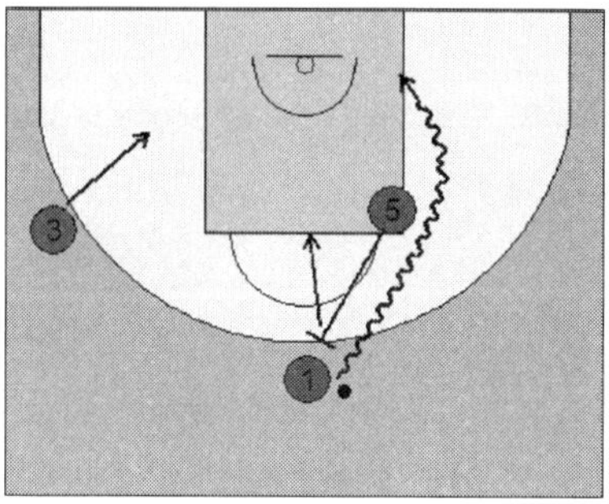

图3-30

小贴士

在弧顶处后卫与中锋的有球掩护配合已成为三对三篮球比赛中最常见的进攻发动方式，配合时的时机、空间、应变决定着配合质量。

示例4：策应交叉掩护切入配合

配合方法：①在弧顶持球，传球给45度角摆脱防守队员的③，中锋⑤在限制区低位抢位要球。③将球传给在低位的⑤，然后去给弧顶①做掩护，①摆脱防守，绕⑤切入，接⑤策应传球投篮，若①和③的防守换人，③掩护后顺势向篮下转身切入，伸左臂要球，接⑤的策应传球投篮（图3-31）。

要求：①要利用各种假动作吸引防守；⑤策应时要注意在限制区之外；③掩护后向篮下切入要快速及时，⑤视机会将球传给①或③进攻。

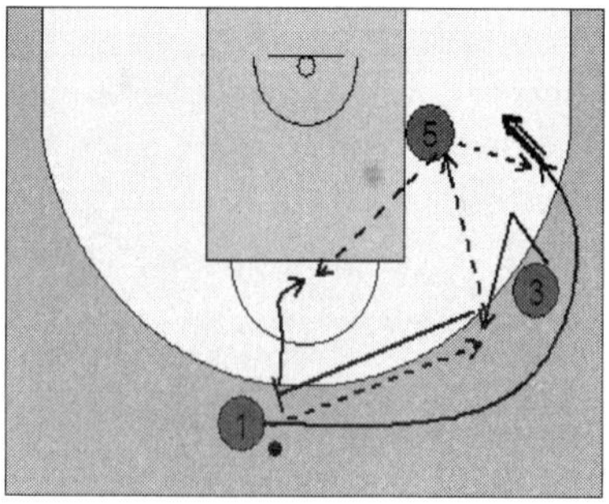

图3-31

小贴士

在给无球队员做掩护时，应以强侧队员给弱侧队员掩护为主，使弱侧队员向球侧摆脱接球，掩护人也在掩护后有足够的空间下顺。

示例5：策应远投配合

配合方法：①在三分线外持球，⑤突然跑到罚球线位置抢位要球。①传球给⑤，然后去给③做交叉掩护；③利用掩护绕切至三分线处接球投篮，如遇防守队员换防，①掩护后顺势横切寻找机会；⑤持球寻找策应机会，也可视情况转身投篮（图3-32）。

要求：⑤传球时应用低手将球传给③；③摆脱时要突然迅速；①掩护后顺势横切寻找机会。

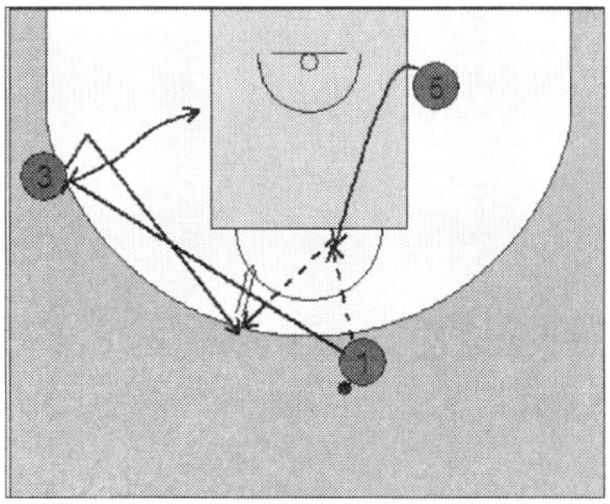

图3-32

小贴士

中锋策应队员的传球多以低手传球为主，要隐蔽，利于外线队员直接进攻。

2. 1号位、2号位、3号位队员组合的基本落位与常用进攻配合方法

此组合阵容没有高大内线队员，主要以外线队员为主的组合，外线队员具有良好的个人突破投篮能力和远投能力，因此配合多以外线队员连续空切，持球突破及远投为主。

示例1：连续切入配合

配合方法：①、②、③三人分别站位于3分线外，限制区内空间较大。②传球给位于三分线外45度角的③后，立即摆脱防守队员切入，如没机会继续移至左侧。这时①及时摆脱防守紧接切入，接③传球投篮（图3-33）。

要求：②与①切入应有层次，②切入篮下如没有机会接球时，要马上拉空篮下，③接球后要做投篮假动作，隐蔽传球意图。

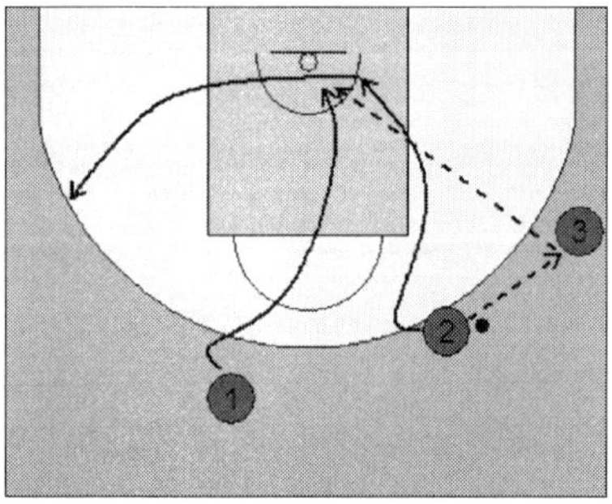

图3-33

小贴士

掌握切入时机，假动作和速度结合；传球队员要利用瞄篮、突破、运球或假动作吸引、牵制对手。

示例2：传切运球掩护配合

配合方法：②传球给③后摆脱防守向篮下切入，没机会移至另外一侧（图3-34），③运球给①做掩护，①接球后利用③的掩护可突破上篮，也可突破急停跳投（图3-35）。

要求：运球掩护后用低手传球，传球后注意做转身准备打挡拆。

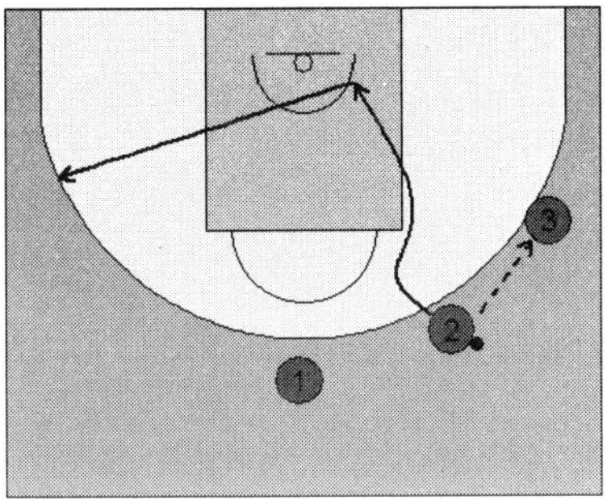

图3-34

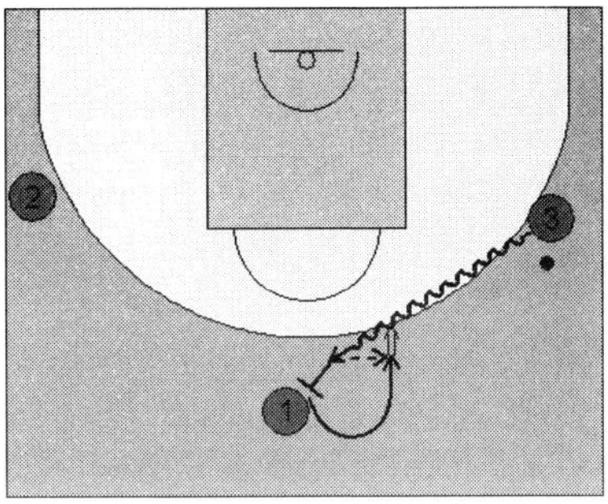

图3-35

小贴士

被掩护队员要先向掩护队员另一侧移动吸引防守，包抄接球要突然。

示例3：运球“8字”掩护配合

配合方法：①、②、③三名队员分别站于三分线弧顶和两侧的45度角。①右手运球给一侧的③做掩护，③接到球后左手运球给另外一侧的②做掩护，②接到球后持球突破上篮，③运球掩护传球后转身向篮下，①拉开准备外围接球投篮。突破队员向篮下突破时，当防守队员协防时球侧队员应向外拉开，弱侧队员可向篮下移动(图3-36)。

要求：运球掩护过程中要注意观察防守队员位置，保护好球，观察可以突破的时机；被掩护队员要用假动作迷惑防守队员，接球后要贴着掩护人的身体突破。

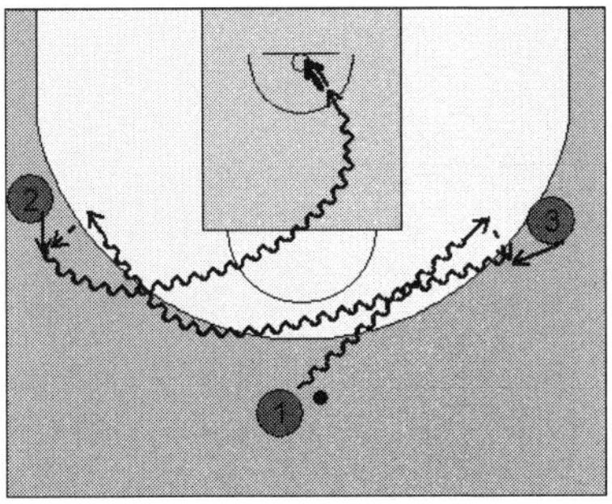

图3-36

小贴士

外线“8”字多采用运球掩护。通过掩护创造中远距离投篮或在运球过程中传给向内线空切到篮下的同伴投篮。

示例4：突分配合

配合方法：①持球传给位于圈顶的②,②持球突破，遇到协防队员，将球传给无人防守的③或①。突破队员向篮下突破，当防守队员协防时球侧队员应向外拉开，弱侧队员可向篮下移动（图3-37）。

要求：突破时要注意观察，与对手协防，分球要及时、准确。接应队员移动要突然，根据防守协防的位置，选择注意拉开空间或切入篮下。

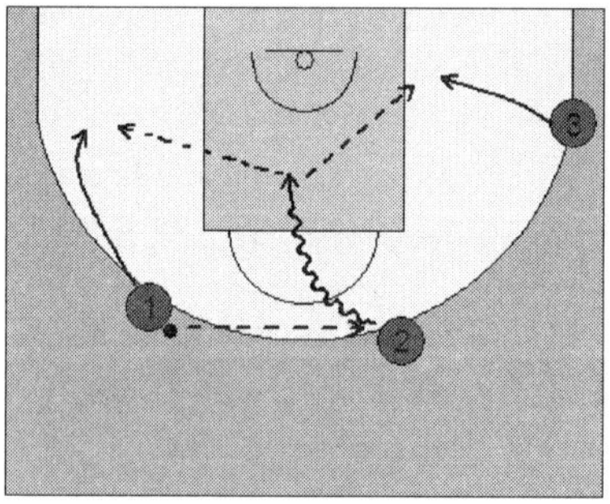

图3-37

小贴士

突破队员技术动作要突然、快速、及时，突破后既要有投篮准备，又要有传(分)球的准备。接应队员要根据突破队员突破的路线，迅速进行移动。

3. 1号位、3号位、4号位队员组合的基本落位方式与常用进攻配合方法

此组合阵容拥有一名比较灵活且移动范围较大的内线队员和两名外线队员。三名进攻队员均具有较强的无球移动和向篮下切入意识，高大队员也具有一定的策应进攻能力。

示例1：突分、切入配合

配合方法：③摆脱防守接①传球后，立即向底线位置突破上篮，遇防守阻拦和协防时，将球传给摆脱切入三秒区的④投篮；①在外线位置等待接球投篮机会（图3-38）。

要求：③应掌握突破和传球时机，④摆脱防守要及时。

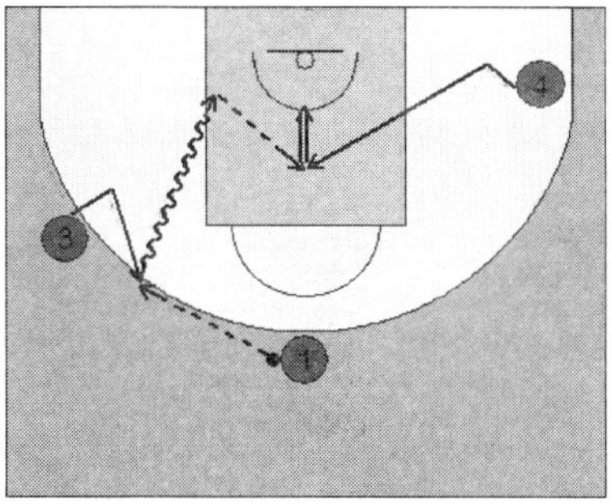

图3-38

小贴士

切入队员要根据自己队员协防的位置选择底线切入和上线包抄。

示例2：下顺策应交叉切入配合

配合方法：①持球于弧顶，③在同侧45度角，④在球侧的高位罚球线位置落位，③摆脱接①传球，④从一侧罚球线迅速下顺至篮下接球进攻（图3-39），③传球后摆脱切入三秒区的投篮，①待③切入后，向端线方向移动包抄接应，准备接球投篮（图3-40）。

要求：切入动作要迅速、及时，注意要有层次和先后顺序。④在进攻时要观察同伴位置，传球要隐蔽、准确。

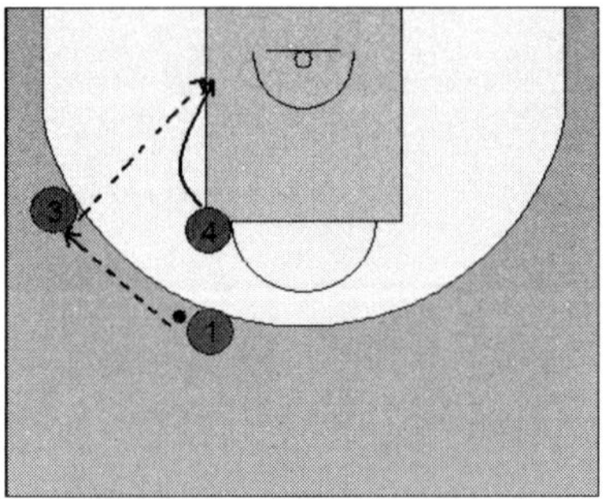

图3-39

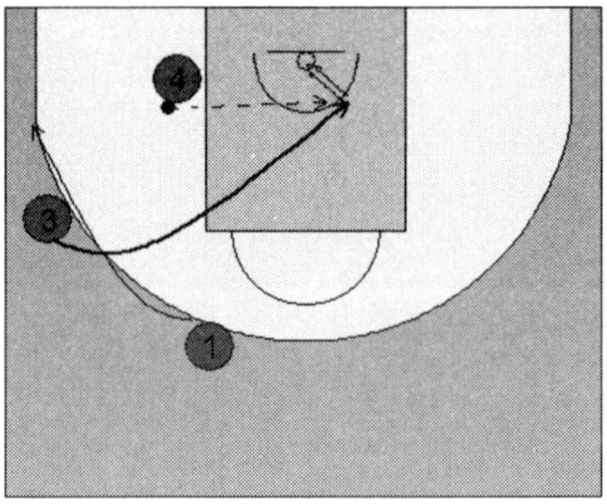

图3-40

小贴士

掌握切入时机，假动作和速度结合；传球队员要利用瞄篮、突破、运球或假动作吸引、牵制对手。

示例3：掩护结合突破分球配合

配合方法：①在一侧三分线外持球，③和④在同一侧的三分线外和罚球线高位。③摆脱防守队员接①传球，④在高位快速跑上给③做掩护，③从上线持球突破，①向端线跑动，至另一侧三分线附近准备接球， ④掩护后做转身向篮下移动（图3-41）。

要求：掩护时相互间要掌握配合时机，注意要拉开空间，以便进攻。

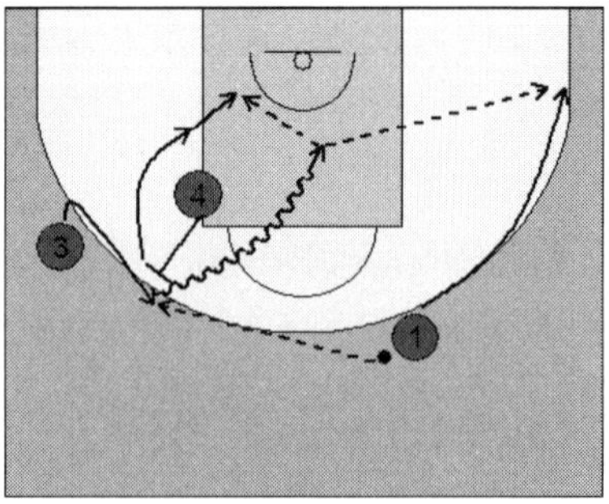

图3-41

示例4：策应反跑配合

配合方法：①在一侧三分线外持球，④跑到罚球线上接①，③假包抄欲接④传球，突然反跑向篮下，④用击地球传给反跑的③，③接球并立即投篮，①向另一侧准备包抄切入接球投篮（图3-42）。

要求：反跑要突然，传球应准确，人球相遇，做到“球领人”。

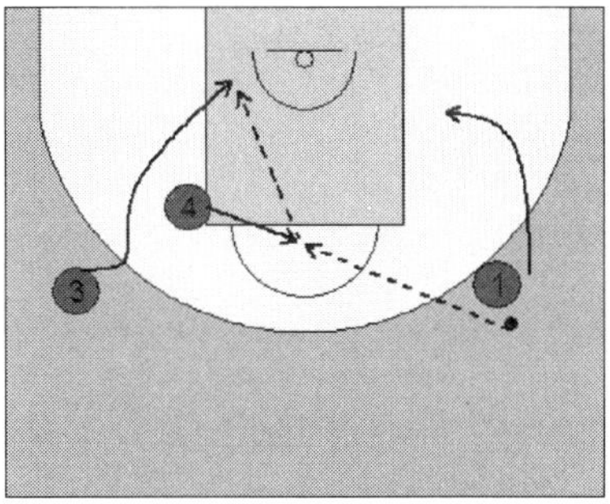

图3-42

小贴士

反跑战术时一定要将篮下拉空，给反跑队员以足够的空间；策应传球队员应该将球传到接球队员的外侧手，尽量做到球领人。

4. 1、2、5号位结构的配合方法

此组合阵容拥有高大的内线队员和两名灵活的外线小个队员，外线小个队员突破能力强，多利用单中锋进行掩护策应进行进攻。

示例1：策应交叉空切进攻法

配合方法：中锋⑤插上罚球线上接①传球，①传球后与②形成交叉掩护切入，⑤可将球传给②切入上篮，也可传给①中投（图3-43）。

要求：①和②交叉掩护切入时要挡住各自的对手，⑤策应时注意保护球，传球要及时、准确、隐蔽。

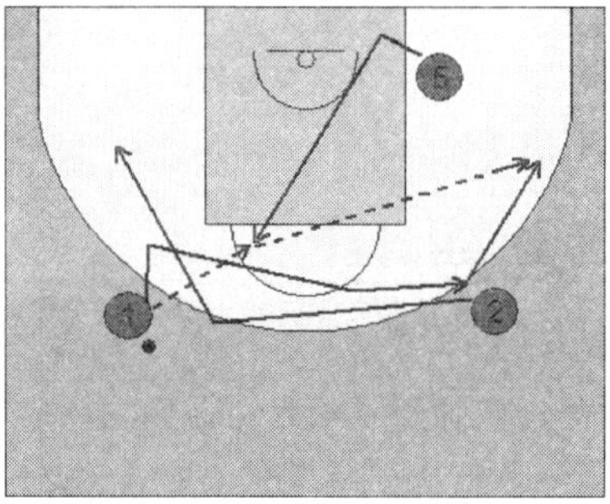

图3-43

小贴士

切入时靠近防守队员一侧的手臂要向球篮方向伸展，这样既有利于成功切入，又便于接球。

示例2：无球掩护接突破分球配合

配合方法：①持球在左侧三分线外，②在右侧3分线外45度角，中锋⑤与②站于同侧。①在三分线外沿上线运球突破，同时⑤提上为②做背掩护，②利用掩护摆脱防守向端线移动，在三分线外接球投篮，若防守交换时，①应及时传球给掩护后向内移动横切的中锋⑤投篮（图3-44）。

要求：⑤的掩护行动要隐蔽、突然，②应紧贴掩护队员的身体向下摆脱接球投篮；⑤掩护后要主动向篮下转身切入抢位接球。

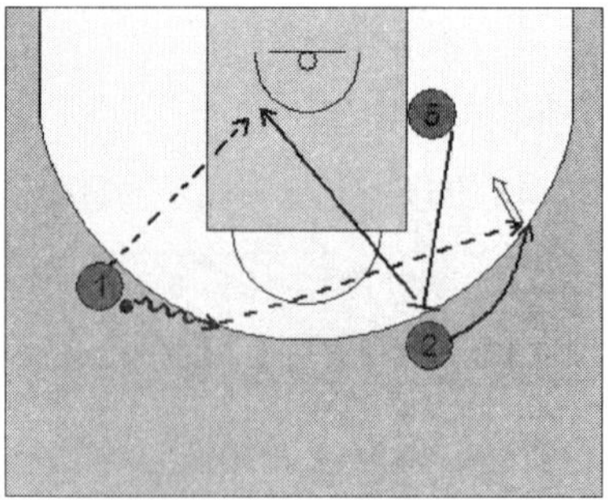

图3-44

示例3：突破分球进攻法

配合方法：②在外线45度角持球从上线突破，靠近突破方向的①应向三分线弧顶位置移动，当①的防守队员补防时，②将球传给①；另外一侧在内线位置的⑤应迅速向外拉开限制区位置，给②足够的突破上篮空间，如果⑤的防守人去协防，②也可以将球分给⑤中距离投篮（图3-45）。

要求：突破队员技术动作要突然、快速、及时，突破后既要有投篮准备，又要有传(分)球的准备，在突破中，要注意观察防守队员与同伴位置；接应队员要根据突破队员突破的路线，迅速进行轮转，移动到有利于接球的位置，随时做好接球的准备，同时要使自己保持在突破队友的视线之内。

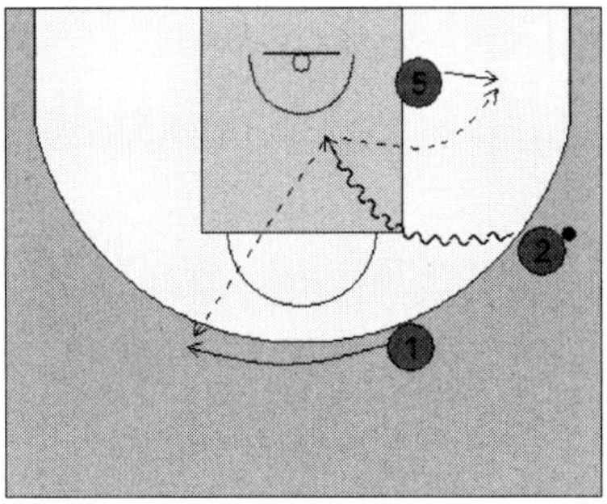

图3-45

小贴士

正面突破往往传向两角、两侧45度或后面切向三分线外的投手投篮。底线（或45度）突破后，除了向对侧或罚球弧顶传球以外，经常远传给切向自己突破点的同伴，使对方很难再行回防，创造无人防守投篮机会。

示例4：运球掩护后中远投配合

配合方法：①运球给②做掩护，①从右侧用右手低手传球给②，②利用掩护摆脱接球后，果断进行中远距离投篮（图3-46）。

要求：①掩护后注意向篮下转身切入或拉出，②要根据防守的反应选择投篮或突破，并注意左侧⑤有无进攻机会

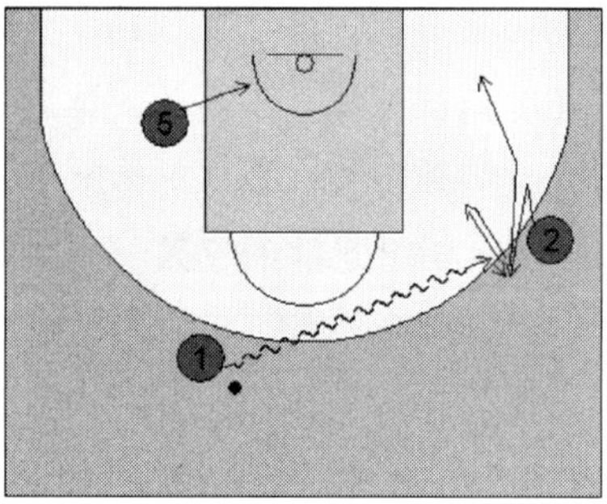

图3-46

5. 1、4、5号位结构的进攻配合方法

此组合阵容要求一名组织能力较强的小个队员，两名具有内线攻击能力的高大队员，内线队员抢位接球强攻和相互之间的掩护是其主要的配合方法。

示例1：内外中锋掩护配合

配合方法：①持球在三分线弧顶，中锋④和⑤分别站于限制区低位两侧。内中锋⑤给另侧中锋④做掩护。④摆脱防守，向内移动，接①传球跳投。⑤掩护后应转身准备打第二动作以及抢篮板球（图3-52）。如中锋低位和高位各站一人，后卫持球于弧顶，应由高位中锋④向下给低位中锋⑤做掩护，使⑤借掩护摆脱提上罚球线接球跳投，④掩护后应转身准备篮下要位（图3-53）。

要求：注意掩护的配合时机。摆脱队员应用假动作迷惑防守人。①应采用头上传球方式更快速更准确的将球传给中锋进攻，传球后应在外线注意接应回传球。

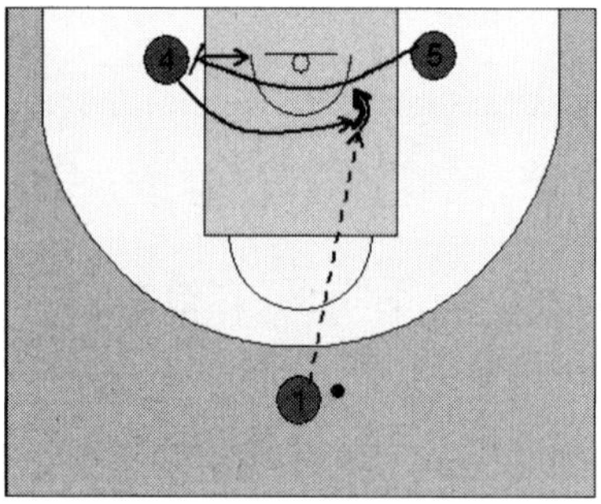

图 3- 52

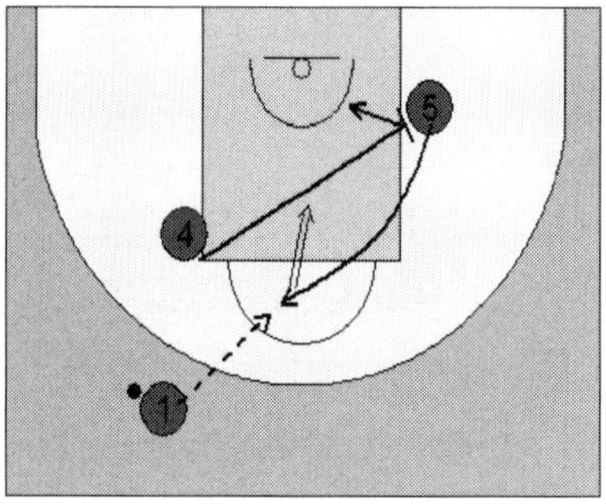

图3-53

小贴士

小个队员要利用运球引导掩护队员行动，一般离球近的内线队员应主动为离球远的队员掩护，被掩护队员要佯做原离球的假动作。

示例2：策应、横切配合

配合方法：①、④、⑤都在球场中路站位，①持球于弧顶，④插上罚球线策应，①传球给④后，摆脱包抄移至④前准备接传球跳投。与此同时，如果防守人逼迫①没有投篮机会，篮下低位的⑤突然摆脱横切，接①传球跳投（图3-54）。

要求：①接球后应注意⑤的横切及时传球到位。⑤横切时应用背顶住防守人以便抢得接球位置。

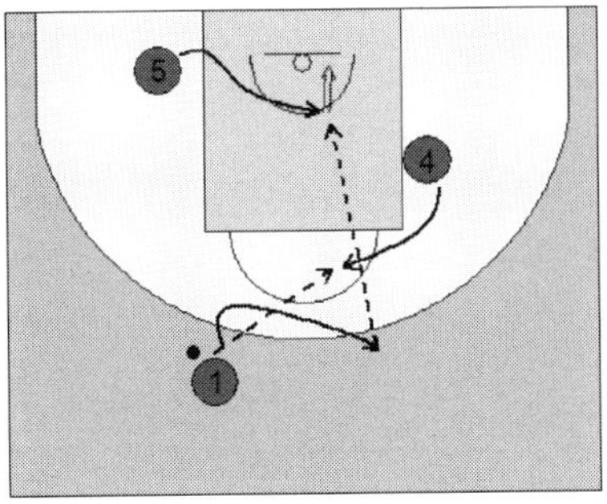

图 3-54

小贴士

传球队员要注意内线两名中锋的切入时机，选择最佳进攻点；中锋上提和横要位注意时间差。

示例3：策应突破配合

配合方法：后卫队员①持球于弧顶，高位中锋④在罚球线附近背对球篮要球，①将球传给④后，借④的策应行进间切入接球后运球突破，①摆脱接球时要从上线一侧的限制区边线与罚球线交点处方向切入，与策应队员保持适当的距离，根据情况可选择跳投或上篮；如遇到防守队员协防补防，可将球传给下顺的

④或另外一侧的中锋⑤进攻（图3-55）。

要求：策应队员传球要隐蔽，能够挡住防守队员使同伴摆脱防守；接应队员①传球后，应运用速度或假动作摆脱防守，做接应或突破，以便获得更好的进攻机会。

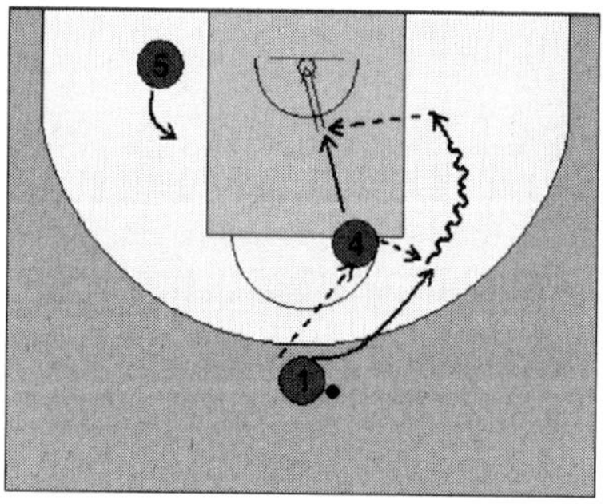

图3-55

小贴士

策应队员应占据有利位置，注意要在限制区外，避免三秒。外线队员利用策应摆脱接球时要保持一定空间。

示例4：掩护溜底线配合

配合方法：①持球在三分线弧顶，中锋④和⑤分别站于限制区低位两侧。内中锋⑤给另侧中锋④做下线掩护，①在外线应向④底线的方向运球，④借⑤的掩护摆脱防守溜底线至右侧接后卫队员①的传球跳投，⑤掩护后如遇防守人换防，原地以左脚为轴后转身将防守队员挡在身后接球篮下进攻（图3-56）。

要求：注意掩护的配合时机。摆脱队员④应用假动作迷惑防守人，等掩护到位后再起动。①应在外线不断运球移动调整最佳传球角度更快速更准确的将球传给中锋进攻，传球后应在外线注意接应回传球。⑤在掩护后如遇换防，要及时后转身接球背对篮下。

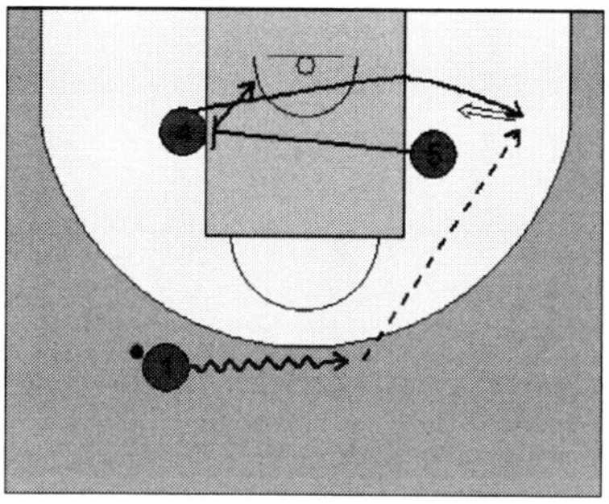

图3-56

小贴士

给溜底线的进攻队员传球时，应向靠近篮圈的方向传球；接球队员应用内侧脚先着地的跨步急停方式接球。

6. 3、4、5、结构进攻配合

此组合阵容的队员身材相对高大，多以内线进攻为主，辅以掩护策应等战术，创造篮下投篮机会。

示例1：内线横切进攻

配合方法：③在右侧外线45度角持球，左侧限制区附近的④插上罚球线抢位接球，与此同时限制区另一侧低位区的⑤迅速横切抢位接球，接球后可以选择勾手投篮或扛投等篮下进攻方式；如果防守③的队员回收协防，③在外线传完球后，根据防守队员协防的姿势和位置选择外拉或包抄接球投篮（图3-47）。

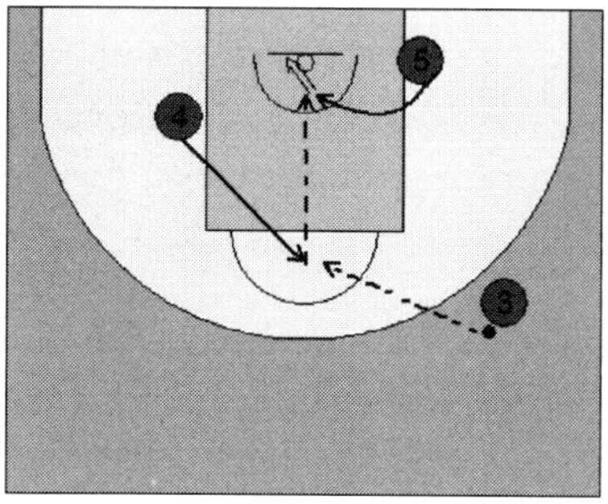

图3-47

要求：策应队员策应前要合理运用速度或假动作摆脱防守，迅速抢占有利的策应位置，并迎前接球。篮下横切队员注意切入的时机，要用背部紧靠防守队员。

小贴士

传球和插上、横切的时间要配合好，要注意传球和配合的时机。

示例2：内线中锋掩护配合

配合方法：球在前锋③的手中，内中锋⑤上提为另一侧中锋④做掩护。④利用⑤掩护横切篮下接③传球投篮（图3-48）。如果防守⑤的队员交换防守横切的④,⑤掩护后迅速转身向篮下摆脱或拉倒罚球线位置接球投篮。外线持球的③要注意防守的位置变化，随时将球传给空位中锋，然后向弧顶移动准备接应回传球（图3-49）。

要求：控球队员、掩护队员与被掩护队员三人要有良好阅读防守的能力，及时把球传到处在最有利进攻位置的同伴手中。掩护队员要把握好掩护的时机，保持正确的掩护姿势，选择合理的掩护角度，避免移动掩护等犯规发生。

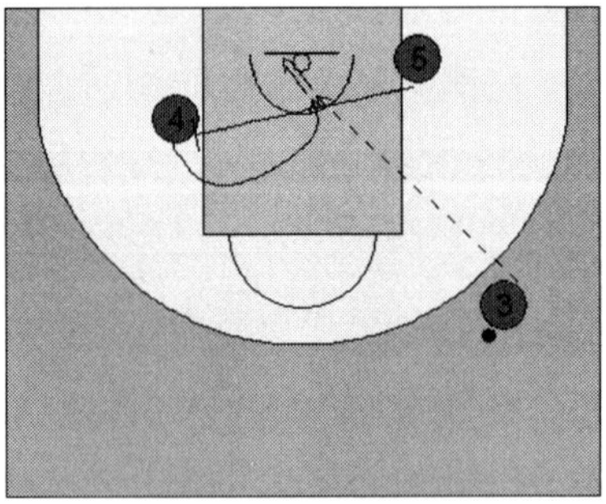

3-48

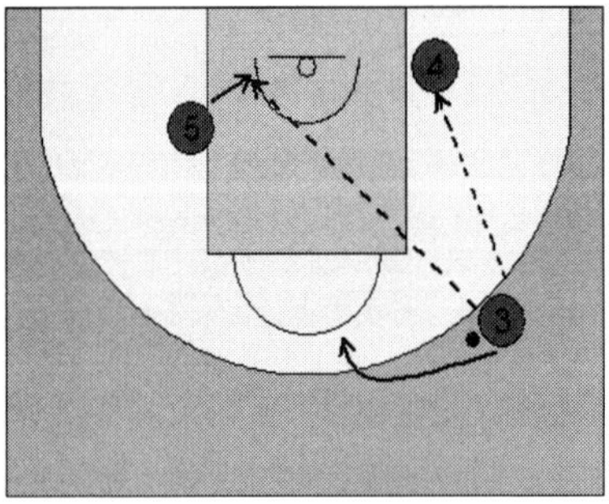

图3-49

小贴士

外线向内线传球注意要多用头上传球的方式，内线中锋横要位时要紧贴掩护队员，动作要突然。

示例3：内线中锋队员轮流下顺纵切配合

配合方法：前锋③在外线45度角持球，与他同侧的中锋④在限制区高位突然下顺纵切篮下，接球进攻；同时另外一侧限制区低位的中锋⑤及时上提至罚球线，如内线防守队员夹击篮下进攻的④,④可将球传给上线位置的⑤（图3-50）。

要求：要注意两名内线队员纵切和上提要位的时间差，要有层次，注意先后顺序，摆脱动作要突然，外线③要注意观察同伴及防守队员的位置及时传球给位置最有利的队员。

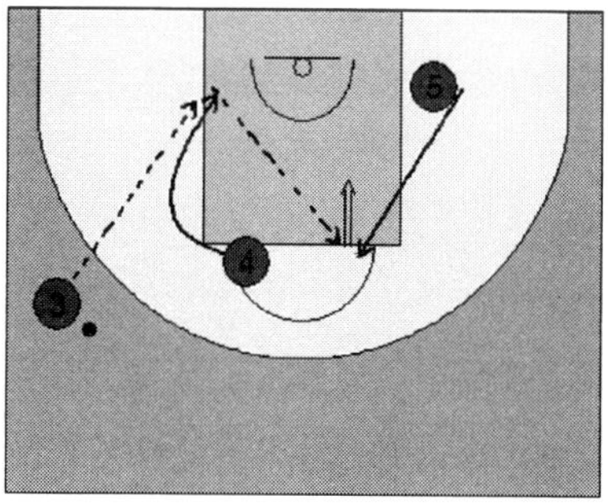

图3-50

小贴士

传球队员要注意内线两名中锋的切入时机，选择最佳进攻点。

示例4：掩护突分配合法

配合方法：外线③与内线⑤同站于球篮右侧，⑤给③做侧掩护，③向端线方向持球突破上篮；如遇防守人交换，掩护队员⑤应立即下顺，造成以大打小，创造篮下有利进攻局面；另一侧的④，可根据防守人的移动和进攻人的突破路线，向上线或下线快速移动一到两步，接③突破分球中距离投篮（图3-51）。

要求：控球队员③在突破时要注意观察防守队员补防、换防的位置和时机，利用突破拉开防守队员之间的距离，延缓其换防的时间，及时传给挡拆后的同伴。掩护队员掩护后要注意拆开后的第二个机会卡在防守队员身前向篮下要位。④在接应时，要趁防守队员协防突破队员和篮下进攻时，快速突然地小范围移动，甩出空档接球跳投。

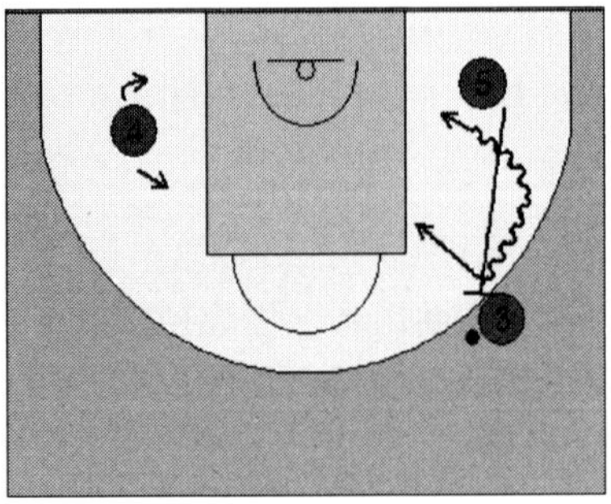

图 3-51

小贴士

前锋与中锋在一侧做运球掩护，中锋掩护后一定要注意下顺，被掩护队员如无很好的突破篮下机会，要尽量拉开到三分线处。

（四）进攻战术配合练习方法

1. 传切配合的练习

（1）徒手切入练习

练习1：二人徒手切入

方法：练习者分成两组如（图3-57）所示位置站立，左右依次做切入练习，完成切入后，左右交换位置。

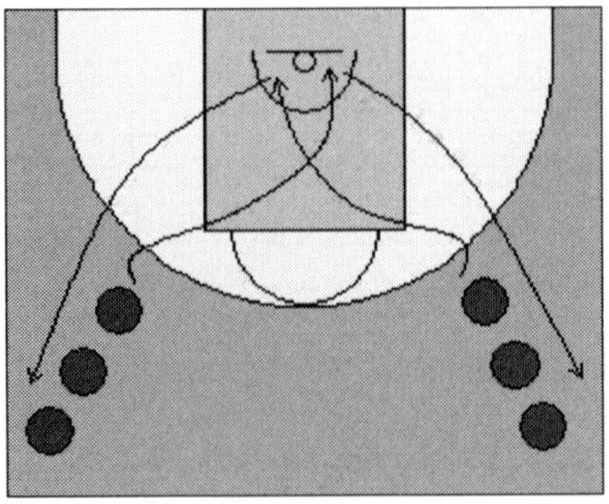

图3-57

练习2：三人徒手切入

方法：练习者分成三组如（图3-58）所示位置站立，三组由左至右依次做切入练习，完成切入后，顺时针交换位置。

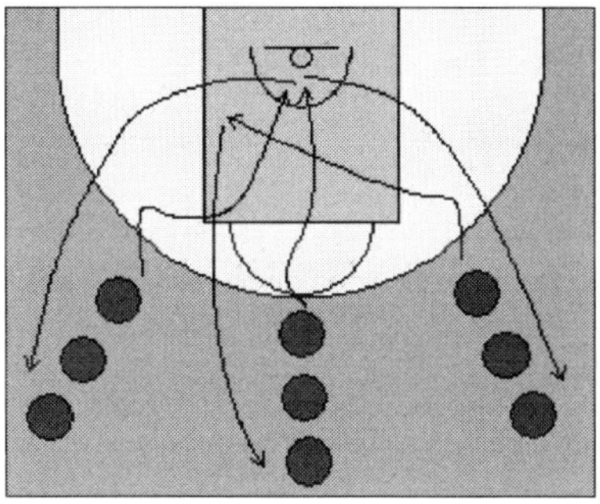

图3-58

要求：切入时变向要迅速，同时必须主动伸手臂要球；身体重心要主动压向防守一侧。

（2）结合传球的切入练习

练习1：两人传切配合练习

方法：如（图3-59）所示分成两组，左侧学生向篮下切入，接右侧学生传球，练习完成后相互交换位置。

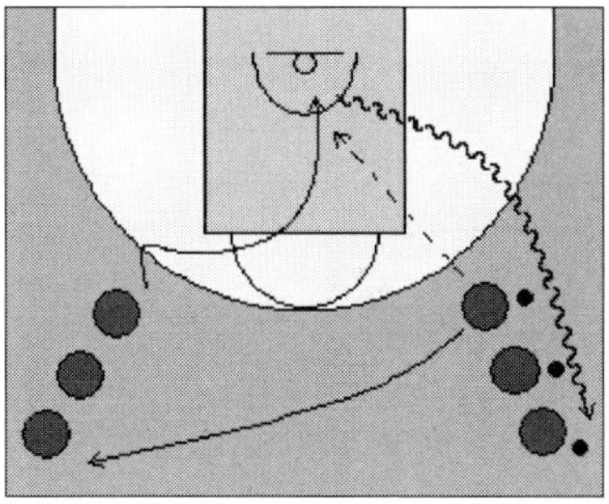

图3-59

练习2：三人传切配合练习

方法：如（图3-60）所示分成三组，中间持球学生将球传给左侧同伴，无球两组学生依次向篮下切入，完成后三组按逆时针交换位置。

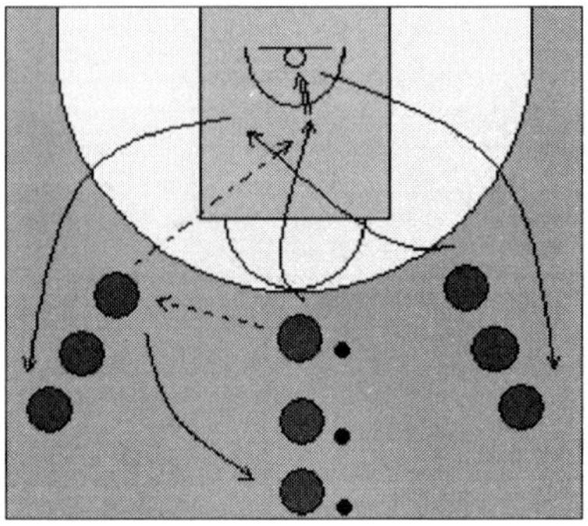

图3-60

要求：切入前必须做向异侧切入的假动作，切入时变向要迅速，同时主动伸手要球，身体重心主动压下靠近防守一侧；传球队员必须做投篮、突破等假动作吸引防守人，同时余光观察队友切入。

（3）加防守的传切配合练习

练习1：固定防守的传切配合练习

方法：如（图3-61、3-62）所示分成两组，持球学生传球给同伴后，迅速向篮下切入，接同伴回传球投篮，完成练习后两组交换位置。

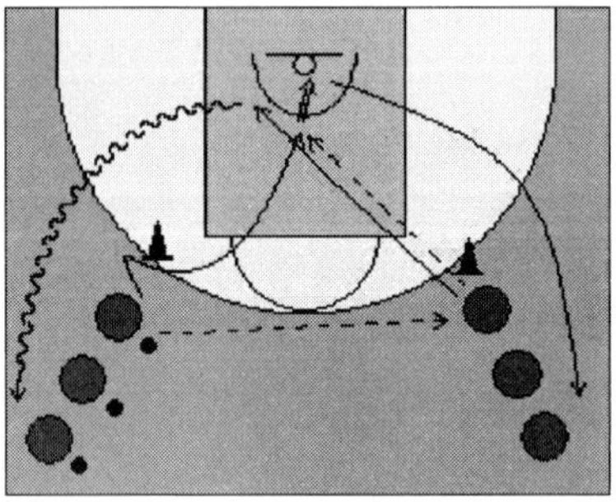

图3-61

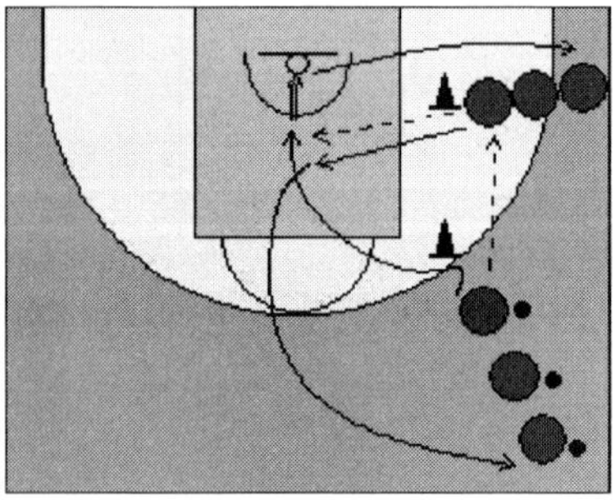

图3-62

练习2：半场二对二或三对三比赛对抗练习

方法：把学生每组分成二人或三人在半场进行对抗比赛，首先输掉两球的队下场休息。

要求：进攻队员要拉开进攻区域，尤其拉空篮下；切入队员要正确运用假动作，突然摆脱防守，快速切入，随时准备接球进攻；持球队员应面向球篮，做投篮、传球、突破等假动作吸引防守队员，及时、准确、隐蔽的将球传给切入同伴，他可以突破情况下运球1次。

2. 突分配合的练习

（1）突破分球练习

练习：如（图3-63、3-64）所示，45度角位置和底线位置突破分球（方法：分成两组，持球学生运球突破，将球传给固定位置的接应同伴，完成练习后交换位置）。

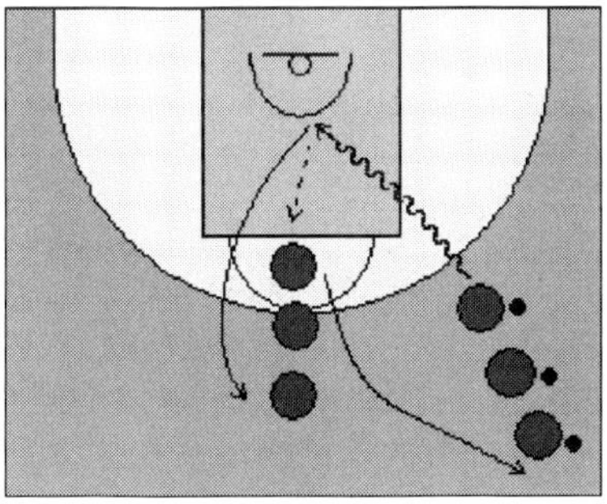

图3-63

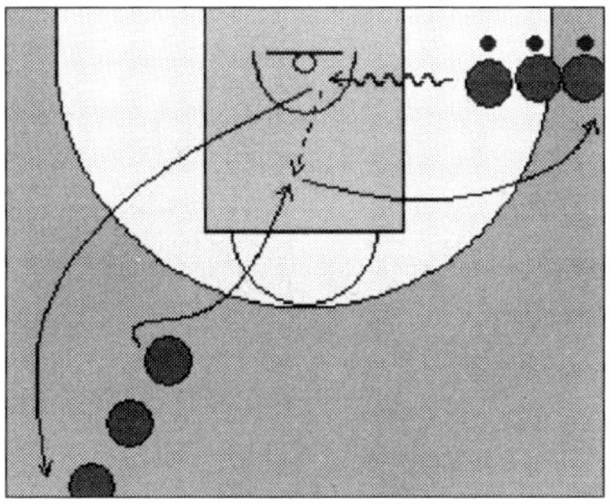

图3-64

要求：严格按配合路线进行练习，并掌握好时机和合理运用技术；练习应由慢到快，强调质量。

（2）突分配合练习

练习：持球突破分球练习，如（图3-65、3-66、3-67）所示

方法1：分成两组，持球学生运球突破，将球传给接应同伴，同伴接球后投篮，完成练习后交换位置。

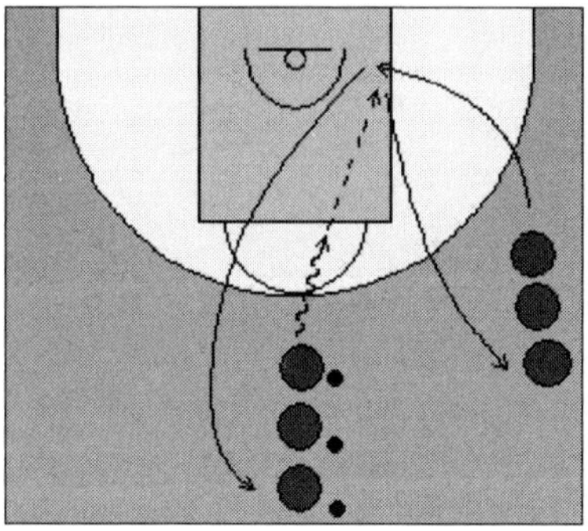

图3-65

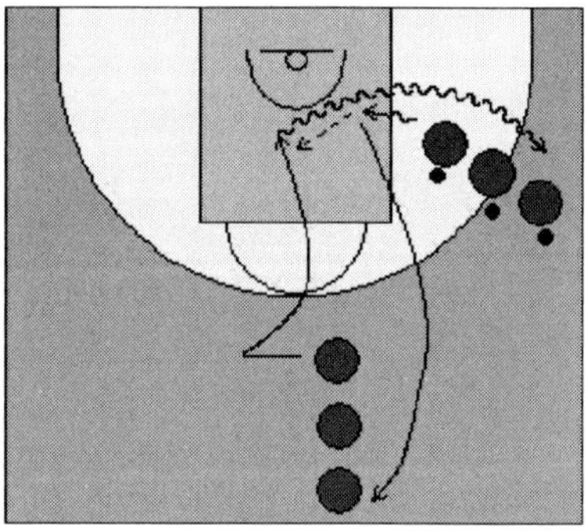

图3-66

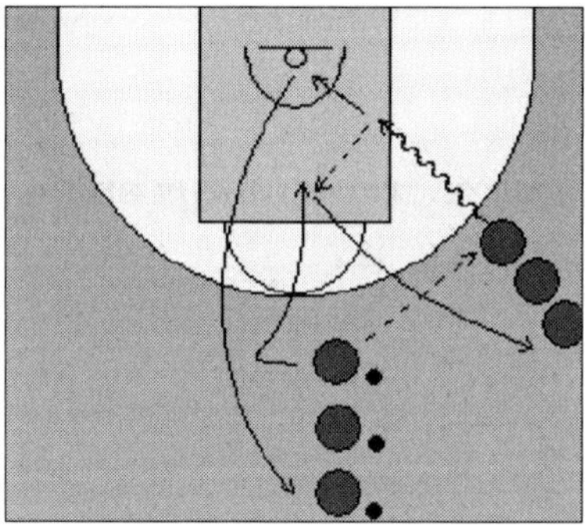

图3-67

方法2：分成三组，左侧持球学生通过两次传球，将球传给右侧学生，右侧学生接球后运球突破，将球传给两名接应同伴中的一名，同伴接球后投篮。完成练习后三人顺时针交换位置。

要求：严格按配合路线进行练习，并掌握好时机和合理运用技术；练习应由慢到快，强调质量。

（3）加防守的突分配合练习

练习1：固定防守的突分配合练习

方法：练习形式如（图3-68），在进攻队员身前加固定防守队员进行练习。

练习2：半场二对二、三对三练习

方法：把学生分成每组二人或三人在半场内比赛，输掉两个球下场休息，下组轮转上场。

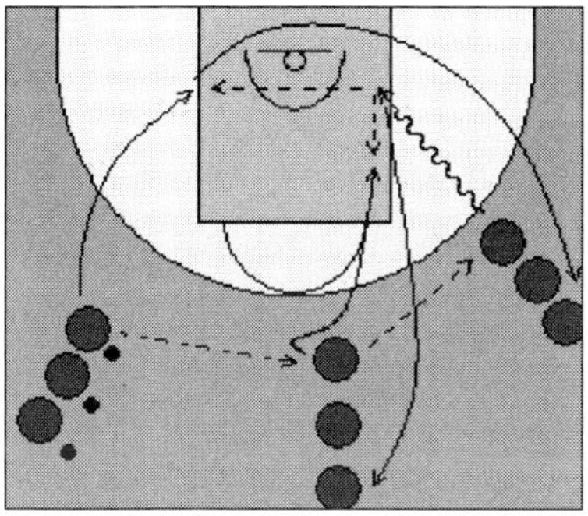

图3-68

要求：持或接球队员突破时应合理利用假动作，抓住时机快速突破，突破后随时观察，并判断分球的时机；持球突破队员和同伴都要观察攻、守队员位置的变化，捕捉时机，创造进攻机会；防守应由消极到积极，逐步过渡到比赛对抗条件下进行练习。

3. 掩护配合的练习

（1）徒手掩护跑动练习

练习：徒手掩护动作练习

方法：如（图3-69、3-70）所示位置站位，练习者移动到“防守队员”一侧做掩护，然后后转身。

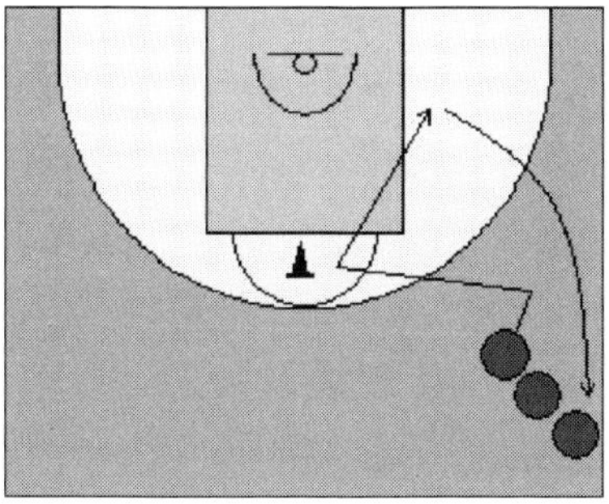

图3-69

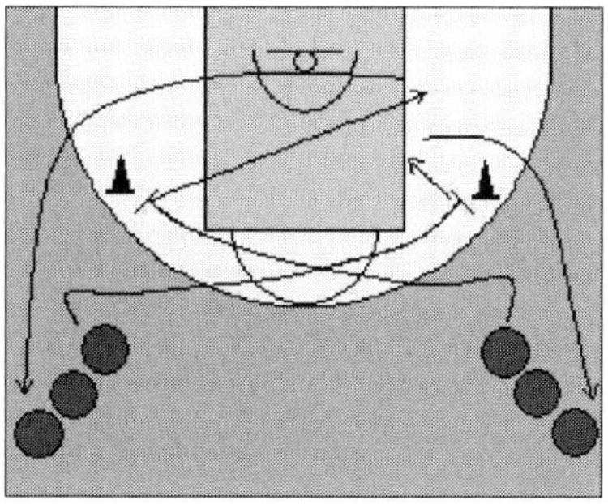

图3-70

要求：掩护队员的姿势正确，距离适当，掩护完成后要及时转身；被掩护队员要紧贴掩护队员迅速切入。

（2）结合球的掩护配合练习

练习1：两人掩护配合练习

方法：如（图3-71）所示分成两组，持球学生传球后，给同伴做掩护，同伴利于掩护运球突破篮下投篮。练习完成后交换位置。

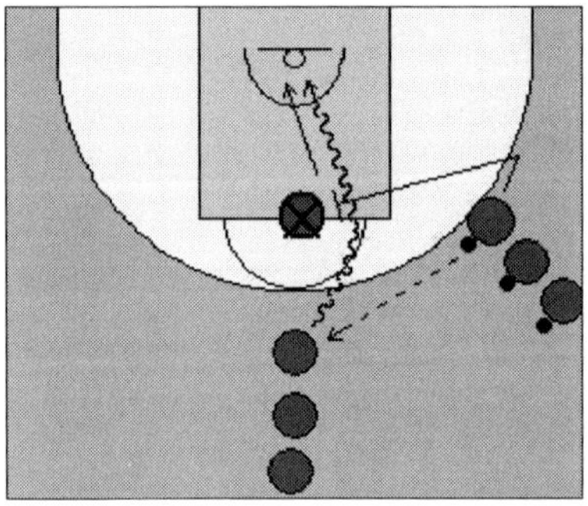

图3-71

要求：掩护队员掩护姿势、位置正确；持球被掩护队员要利用假动作吸引防守，掩护形成后突破、投篮和传球行动要合理；两人默契配合。

练习2：三人掩护配合练习

方法：如（图3-72）所示，分三组站位，中间持球学生将球传给右侧同伴，然后给左侧同伴做掩护，左侧同伴迅速切入篮下，接球投篮。

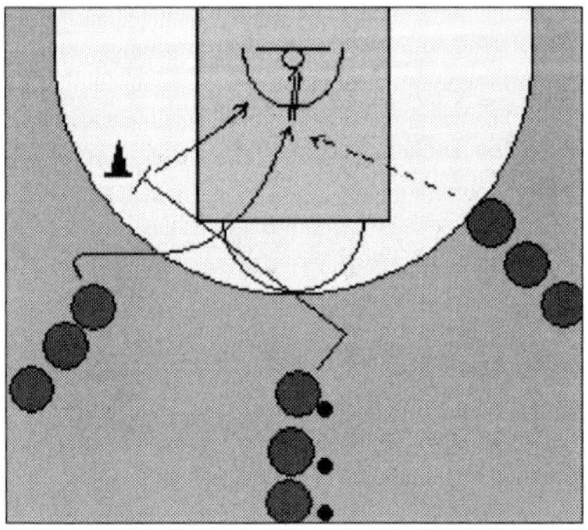

图3-72

要求：三人默契配合，相互提示跑位、移动路线；传球队员果断判断，将球传给最合理的队员手中；配合过程连贯。

（3）加防守的掩护配合练习

练习：半场二对二、三对三对抗练习

方法：把学生分成每组二人或三人在半场进行比赛，输掉两球的队下场休息，下组轮转上场。开始练习时，应降低难度，要求防守队员紧盯进攻队员，但不要伸手断球、阻碍传球，逐步增加练习强度，实现对抗中完成掩护配合。

要求：进攻队员相互呼应，被掩护队员利用假动作迷惑防守队员，掩护队员注意把握好掩护的角度和时机；逐步增加防守强度，最后在比赛对抗条件下完成练习。

4. 策应配合的练习

（1）徒手策应跑位练习

练习1：两人策应跑位练习

方法：如（图3-73、3-74）所示，分成两组站位，徒手进行策应抢位练习，完成练习交换位置。

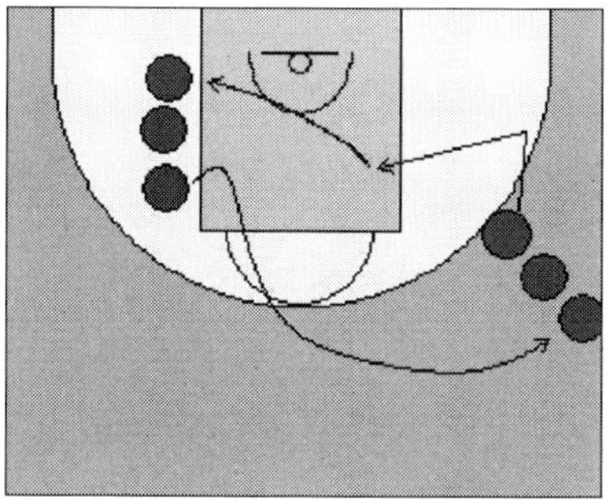

图3-73

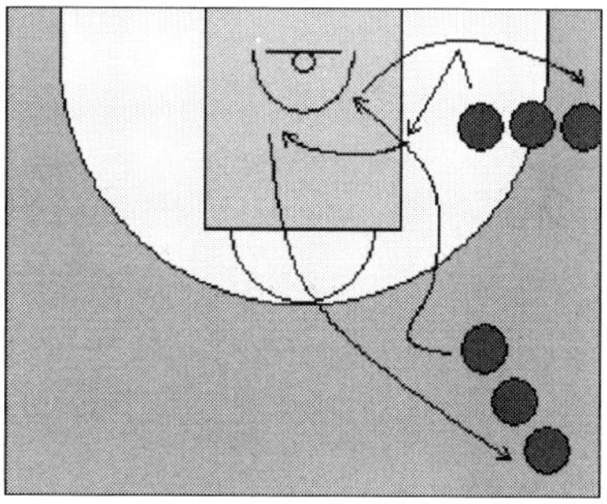

图3-74

练习2：三人策应跑位练习

方法：如（图3-75、3-76）所示，分成三组站位，依次进行徒手策应抢位练习，完成练习顺时针交换位置。

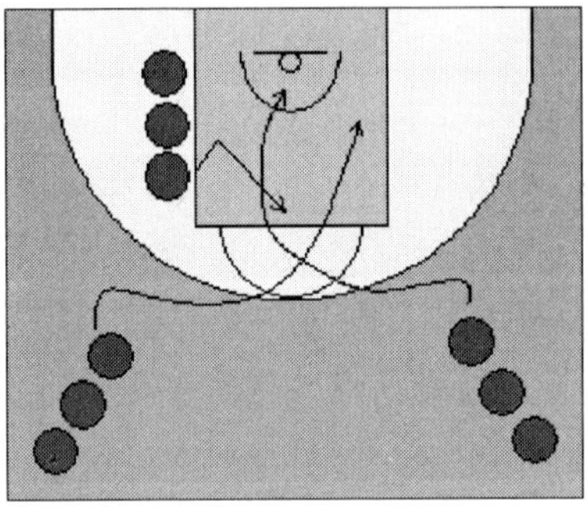

图3-75

图3-76

要求：策应队员抢位突然，尽量增大接球面积；切入队员注意跑动路线，要观察策应同伴的位置；注意跑动的层次。

（2）结合传球的策应配合练习

练习1：两人策应配合练习

方法：如（图3-77、3-78）所示分成两组站位，无球组学生摆脱抢占策应位置，接同伴传球；持球组传球后，向篮下切入，接策应同伴的回传球投篮。

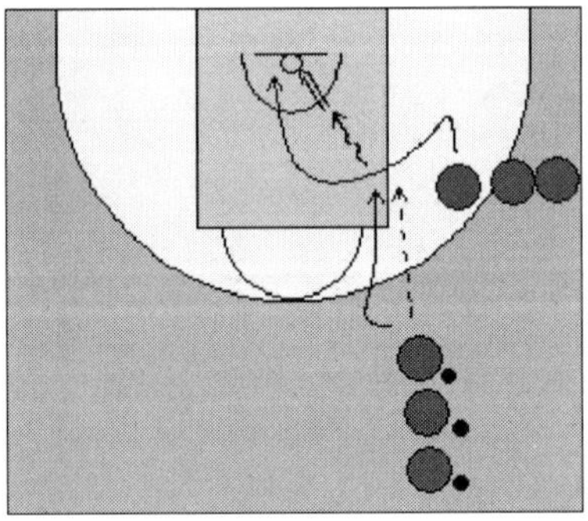

图3-77

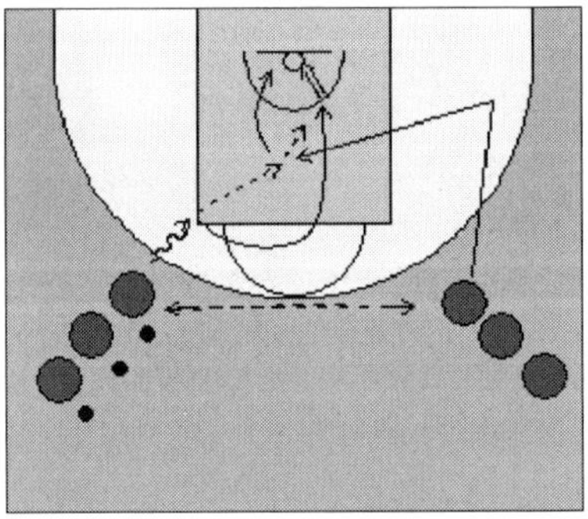

图3-78

要求：策应队员要迅速抢占有利位置，接球后注意保护球，传球及时、准确；切入队员起动迅速、突然，接球后注意动作的衔接；两人配合默契。

练习2：三人策应配合练习

方法1：如（图3-79）所示分三组站位，持球学生将球传给右侧同伴，右侧同伴接球后将球传给低位策应学生，另外两名同伴分别在策应学生左右两侧向篮下切入，伺机接球投篮。

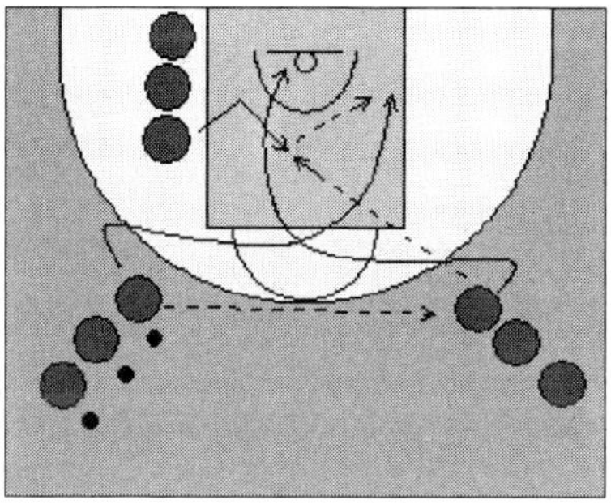

图3-79

方法2：如（图3-80）所示，④向罚球线附近移动抢位，接⑤的传球做策应，⑤切入接④的回传球投篮；传球后④向罚球线另一侧移动抢位，接⑥的传球做策应，⑥切入接④的回传球投篮。

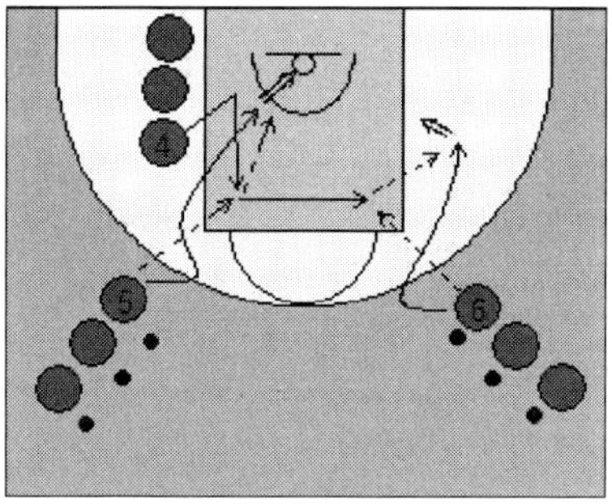

图3-80

方法3：如（图3-81）所示，④传球给⑤后，向对侧切入，接⑥传球做策应，回传球给⑥，⑥接球投篮；④传球后迅速向罚球线附近移动抢位，接⑤传球做策应，回传球给⑤，⑤接球投篮。

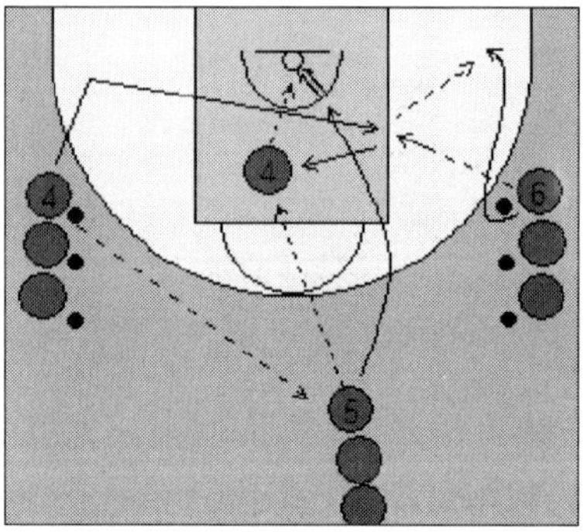

图3-81

要求：策应队员接球后保护好球的同时要观察切入的同伴，及时、准确传球；切入队员要注意切入的先后顺序与节奏，避免同伴之间干扰移动；三人配合要层次清晰，默契配合。

（3）加防守的策应配合练习

方法1：同两人策应配合练习，在进攻队员身前加固定防守进行策应配合练习。

方法2：把学生分成每组二人或三人在半场进行比赛，先输掉两球下场休息，下组轮转上场。

要求：进攻队员抢位主动积极，接球后注意动作衔接，果断进攻；进攻队员之间要相互观察，注意配合时机；防守队员应积极盯人，但不要断球，随着练习的深入逐步增加防守强度。

二、防守战术基本原则及配合方法

在三对三篮球的比赛中，防守和进攻同等重要。要打好防守配合，就要在防守中积极主动，相互配合，了解进攻队员的主要得分手段和特点，采用有针对性的防守策略。

（一）防守战术配合基本原则

1. 以球为主，人球兼顾

不论防守有球队员还是无球队员始终要保持以球为主，人球兼顾的防守策略。根据球的位置，防守队员选择合理的防守位置，离球近，则选择面向进攻人，侧对球的紧逼抱防策略，离球远，则选择面向球，侧对人的收缩敞开防守策略。

2. 对持球人防守策略设计合理

仔细研究持球队员的进攻特点，若进攻者远投命中率准确，则要选择紧逼防守，一手前伸到其脸部位置干扰投篮；若对手善于突破，则要离开防守队员一定距离，选择偏向一侧防守策略，迫使进攻方向有协防一侧同伴突破。若对手既具备突破能力有具备远投能力，则要贴身偏向一侧防守，迫使其向有协防一侧同伴移动，一旦突破随时准备进行夹击。

3. 防守队员之间相互呼应，加强语言交流

三对三篮球比赛中，防守队员相互之间的语言交流可以使防守威力大增，如防守有球掩护时，防守掩护队员要及时提醒同伴，“左侧掩护、挤过”，这样可

以有效破解进攻队员的掩护配合，如防守突破时，临近左侧同伴可以提前提醒同伴，我已经在协防位置，以便防守持球队员的人迫使进攻者向其左侧突破。

4. 主动应变，放弱补强

根据进攻队员特点主动应变，迫使其强点变弱，例如对于突破能力较强的队员，一旦其开始运球，防守持球人要迫使他向同伴运球，而同伴则要大胆进行夹击，迫使其传球给攻击能力较弱队员，减少进攻能力强的人的进攻机会。

5. 重视防守篮板球的拼抢

防守队员利用集体力量迫使进攻者投篮出手并不是防守的结束，需要组织三位防守者集体拼抢篮板球，个人和团队协同配合挡人，确保抢获篮板球发动反击。

（二）防守配合方法

1. 防内线进攻的配合方法

（1）防内线接球

配合方法：尽量不让内线队员顺利接到球。球在罚球线以下前锋队员③手中时，△5应在底线位置侧防中锋⑤（图3-82）。球在后卫①手中时，△5应在上线位置侧防（图3-83）。球在45度角前锋③手中时，△5中锋应绕前防守，高举手臂后背贴紧对方，△3防持球队员时要给予压迫性防守，干扰传球路线给另一侧远端同伴协防（图3-84）。

要求：要根据球在外线的位置，不断移动去调整防守位置。

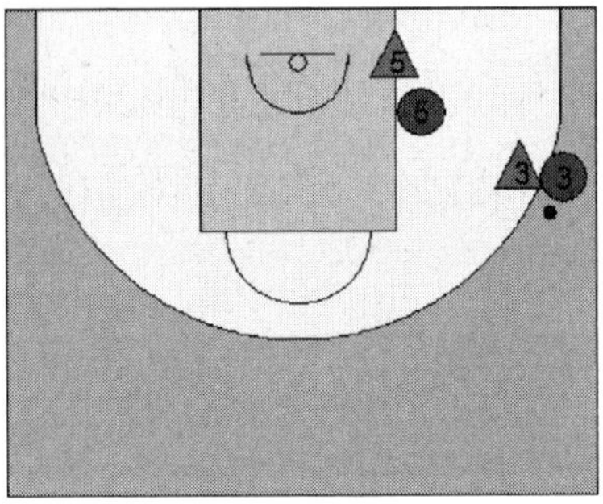

图3-82

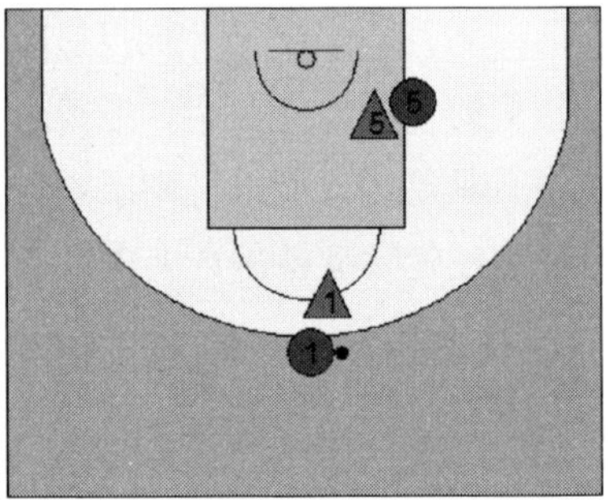

图3-83

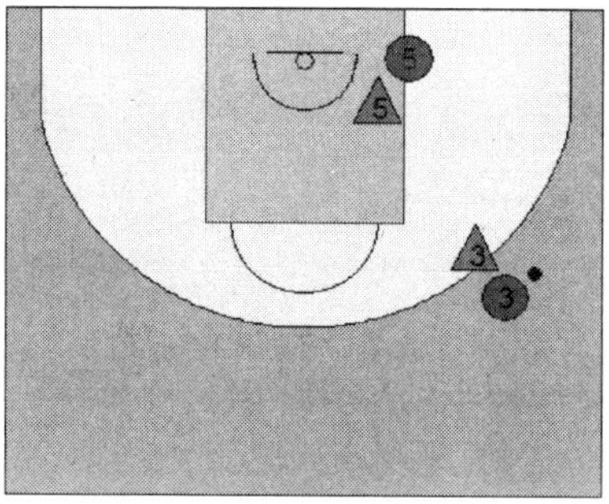

图3-84

小贴士

防守中锋时，由于三人篮球比赛相对空间较为充足，造成中锋篮下进攻很难协防，所以防守无球中锋接球时一定要提前争夺有利防守位置。

（2）迫使内线队员将球传出

配合方法：位于限制区低位的中锋⑤接球后，防守△5防止其投篮，和他一侧的外线防守队员△3要及时回收形成压迫式防守，待⑤将球传出后，要迅速回防③（图3-85、3-86）。

要求：一旦中锋接球，一侧的防守队员立即回收，△5防其投篮，协防队员瞧准机会，抢、掏⑤手中的球。但注意不要犯规。

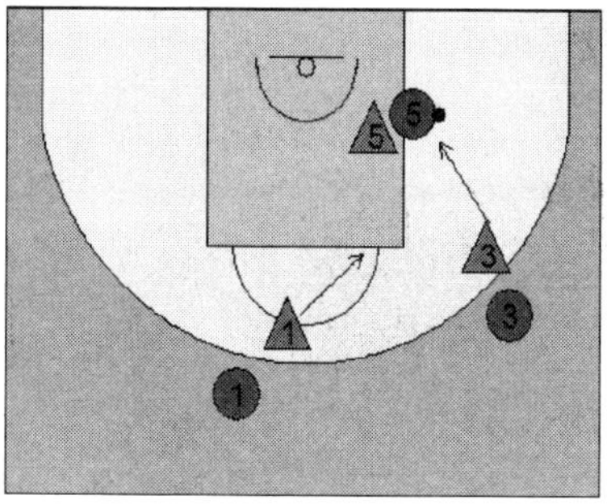

图3-85

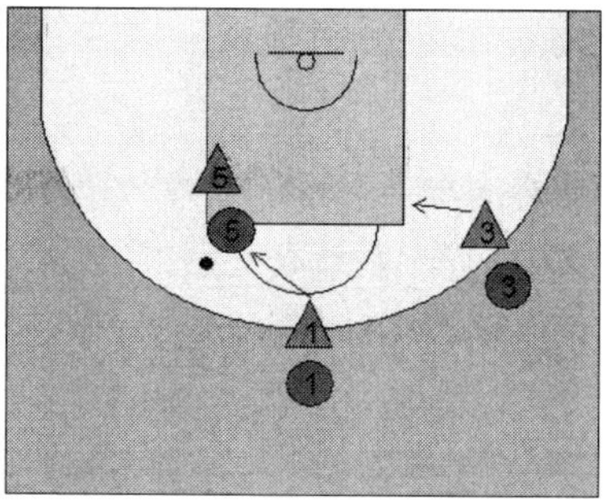

图3-86

小贴士

当中锋队员篮下攻击能力极强时适宜采用包夹协防，但要注意外线队员协防后当球传出到外线时要迅速回防。

2. 防突破的配合方法

防突破采用近球侧协防或夹击的方法

（1）近球侧协防

配合方法：①三分向弧顶处向篮下突破，临近的防守队员△2要及时“关门”协防，进攻队员如果突破分球将球传给②时，△2还要快速回防（图3-87）。

要求：防突破的队员必须采用“赌一边放一边”的方法，近球侧队员在防自己对手的同时必须协防，向侧后方滑步卡位，堵住突破路线。

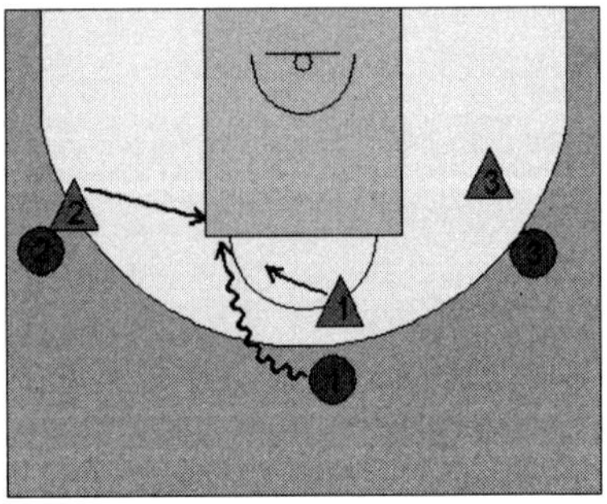

图3-87

（2）近球侧夹击

配合方法：①将球传给②，②向端线方向持球突破，防守队员△2防其底线位置，临近的△1迅速向下移动在②停球或转身时与同伴△2形成夹击，弱侧的△3要移动过来补防强侧的①，兼顾离球较远的进攻队员③（图3-88、3-89）。

要求：夹击要迅速、突然。不要犯规。

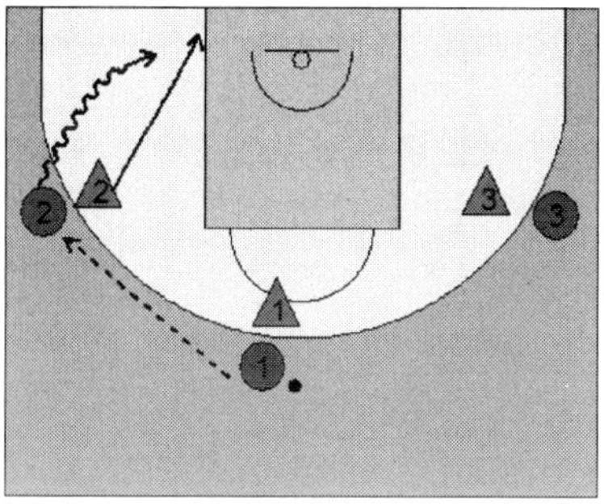

图3-88

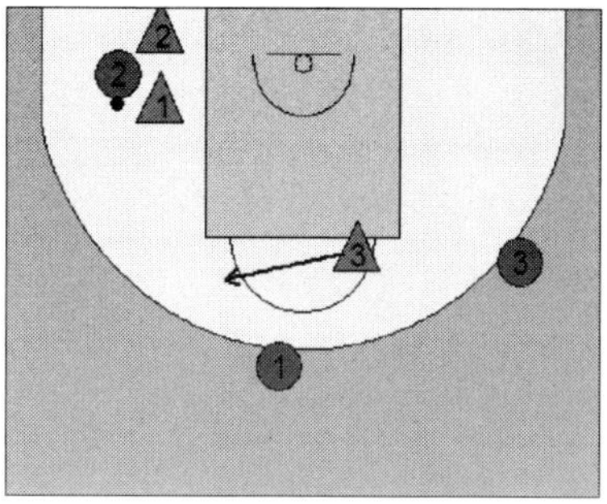

图3-89

3. 防掩护配合

（1）挤过配合

配合方法：△3为同伴△1做掩护，△1在△3靠近自己的一刹那，迅速抢前一步贴近①，并从③和①中间挤过去继续防守①。△3应在发生时掩护时，向外一步防守延误①的运球突破（图3-90）。

要求：△3应在防守时及时提醒同伴使挤过者在思想上和行动上有充分准备，并要选择好有利的防守位置，密切观察两名进攻者的行动，及时作好延误进攻和补防。

运用挤过的防守队员△1，要善于发现对手的掩护动作，当掩护队员靠近自己需要运用挤过防守时，要快速、突然地向挤过方向跨步主动贴近对手，跟随其移动。为了缩小身体横向移动的面积，跨步同时，应该突然提腰，脚尖朝着挤过的方向，挤到两个进行掩护配合的进攻队员之间，继续防守自己的对手。

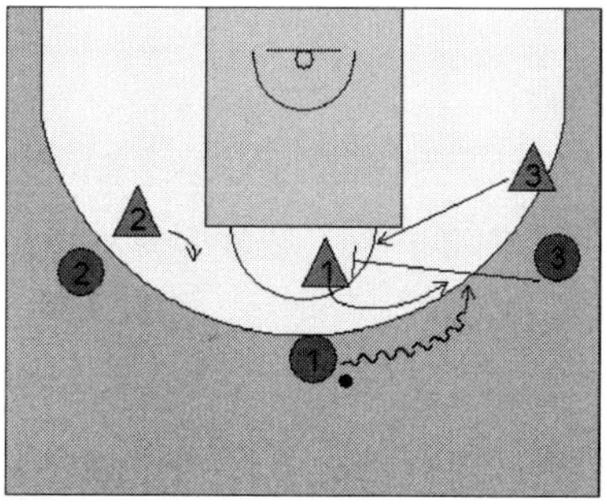

图3-90

小贴士

挤过配合可以避免防守交换后以小防大；在破坏掩护配合中，常见的延误掩护战术，是在防守人不换防的基础上，当被掩护的进攻队员突破时，防守掩护的队员要暂时放开掩护队员，突然上前进行封堵突破路线，为另一名同伴摆脱掩护继续防守争取时间。当同伴回防到位后，要迅速回撤防守自己的防守人。

（2）交换配合

配合方法：△3去给△1做掩护，△3要主动给同伴△1发出换人信号，及时堵截①向篮下切入的路线，此时△1应及时调整自己的防守位置，防守③向篮下切入（图3-91、图3-92）。

要求：换防时，防掩护的队员要提醒同伴换人同时变换步法阻截切人队员的突破和切入；被掩护的防守队员要迅速调整自己的防守位置，利用撤步迅速抢占人、篮之间和人球兼顾的有利位置，避免被对手通过转身挡在身后切人篮下或接球。

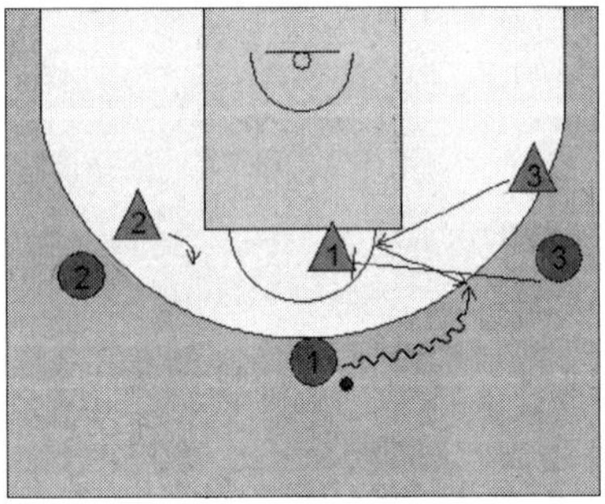

图3-91

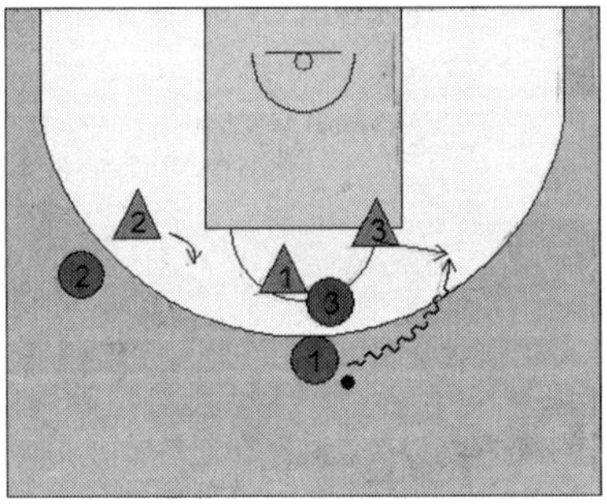

图3-92

小贴士

换防时相互间的呼应很重要，另外换防后，防持球时要给于压力，另外一名防守人要回撤抢位。

（3）绕过配合

配合方法：△1去给△2做掩护。防守掩护者的队员△1主动贴近防守对手，让同伴△2（即防守被掩护者的队员）从①和△1的身后绕过继续防守②（图3-93、图3-94）。

要求：两防守队员之间要默契，信号联络必不可少；防守掩护的队员在配合时，提醒同伴同时要主动贴近自己的对手，帮助同伴及时绕过，继续防守住对手。

被掩护的防守队员，在同伴提醒下要调整好防守位置和距离，应立即撤步或利用后转身，从同伴身旁迅速绕过，继续防守对手。

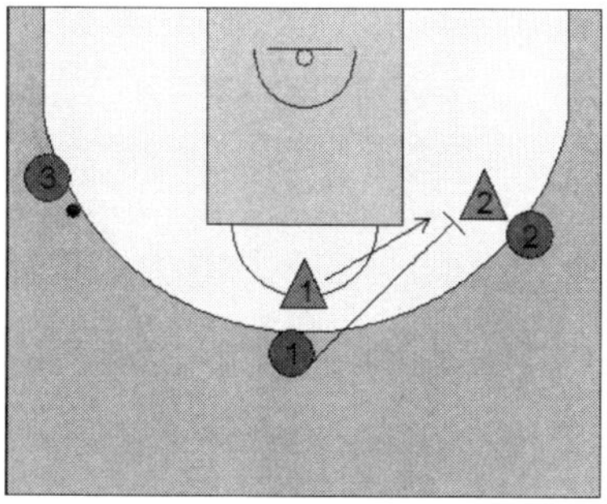

图3-93

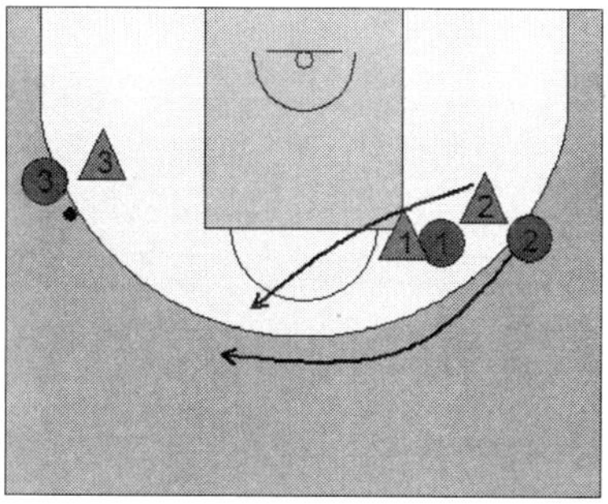

图3-94

小贴士

绕过防守一般适用于两名防守队员不宜换防，但又较难挤过时，利用本方队员和掩护队员比较靠近时，从两人身后绕过。

（4）穿过配合

配合方法：△1给同伴△2做掩护，△1要及时提醒同伴△2，当△1掩护到位的一刹那△1要主动后撤一步，△2从△1和①中间穿过去，继续防守②（图3-95、图3-96）。

要求：防守队员之间的配合要默契，当进攻队员去进行掩护时，防守掩护的队员要及时提醒同伴，并主动后撤一步留出使同伴穿过的空当位置；穿过的队员要在掩护形成时，运用穿过，为避开掩护队员的挡位，在同伴的提醒下，应迅速向移动方向撤步，运用滑步或追击步防住自己的对手；穿过时要迅速地调整防守位置和距离，合理运用手臂动作，阻挠对方接球和切人篮下攻击。

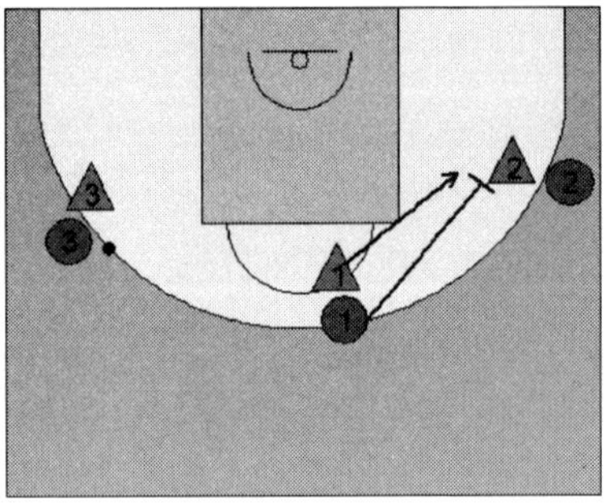

图3-95

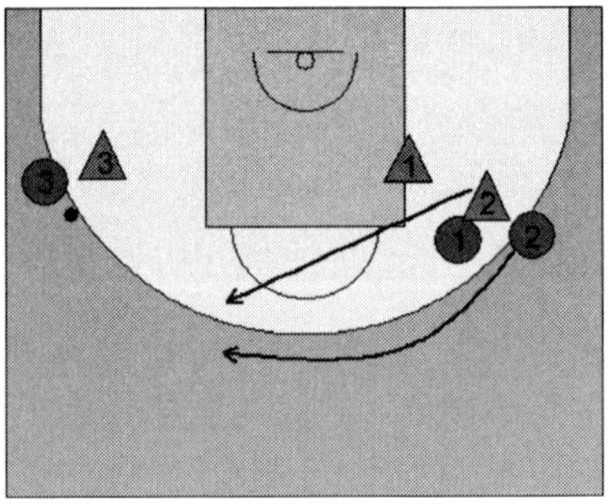

图3-96

（5）夹击配合

配合方法：△1给同伴△2做掩护，△1要及时提醒同伴△2，当△2借掩护突破时△1突然堵截②的运球路线，△2在被掩护的一刹那快速抢过继续防守②，形成夹击（图3-97、图 3-98）。

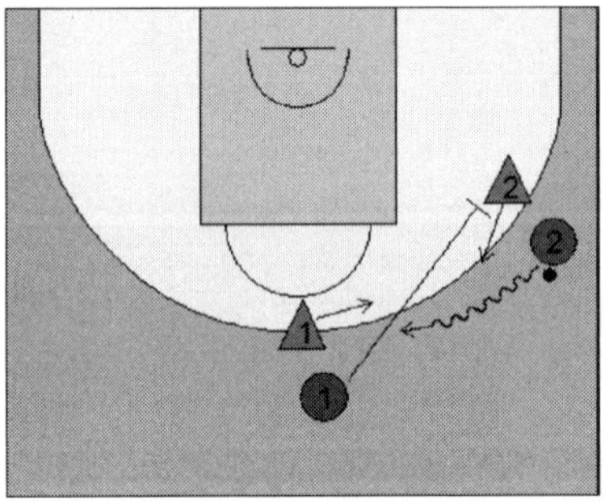

图3-97

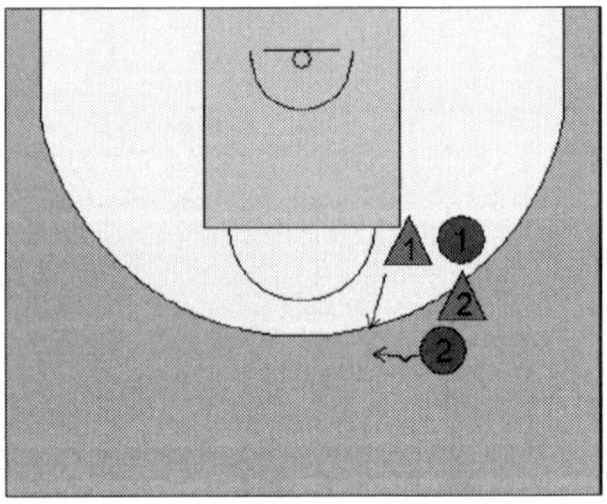

图3-98

要求：防守队员应在进攻队员运球的过程中，正确观察判断选择夹击时机和位置，一旦发现时机成熟应及时快速向同伴发出夹击的信号。夹击配合时的两名队员要用身体、两臂围守进攻队员，两人脚步位置约成90度角，两人间的距离以不能使对手运球通过为标准. 两臂高举，随对方手中球的摆动而挥动，积极封堵传球路线。

小贴士

夹击配合时的行动应突然果断，快速合理，出其不意，攻其不备。配合时首先是堵住运球队员的前进路线和封堵传球路线，不要轻易触球、抢球，避免犯规。

（三）防守战术配合练习方法

1. 关门配合的练习方法

（1）关门配合的脚步动作练习

练习方法：如（图3-99）所示，分成两组面向中线站立，两名队员同时做模仿关门配合的后滑步练习，移动到底线附近时换做侧滑步，通过球篮后继续做后滑步。

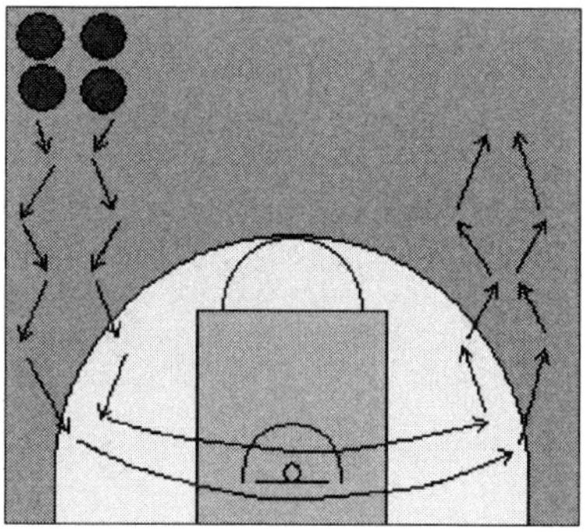

图3-99

要求：重心低，滑步有力，起动及时；练习时假想进攻队员突破，防守动作速度一定要快，两名队员要逐步形成默契。

（2）进攻队员配合下关门配合练习

练习方法：如（图3-100）所示，⑥传球给⑤，并到⑤的位置，❻跟随⑥移动，⑤接球后传给④，④运球向上线突破，❹和❺做关门配合，完成配合后，④到❻队尾，❹到⑥队尾，❺到❹原来位置。

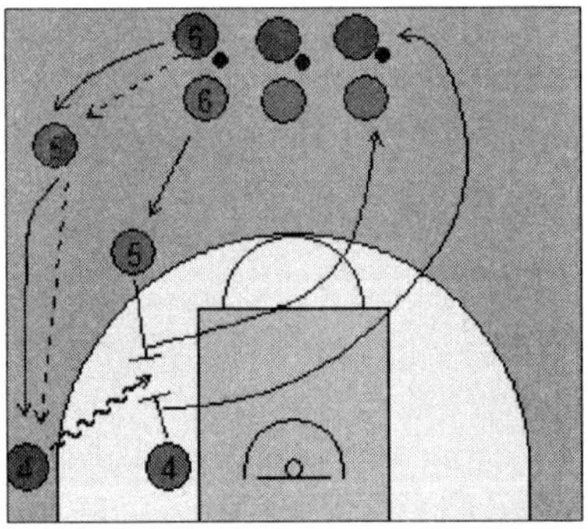

图3-100

（3）二防二或三防三关门配合练习

方法1：如（图3-101、3-102）所示，把学生分成每组二人在半场进行对抗比赛。由消极进攻开始，逐步增加进攻难度，提高成功完成“关门”配合的几率。

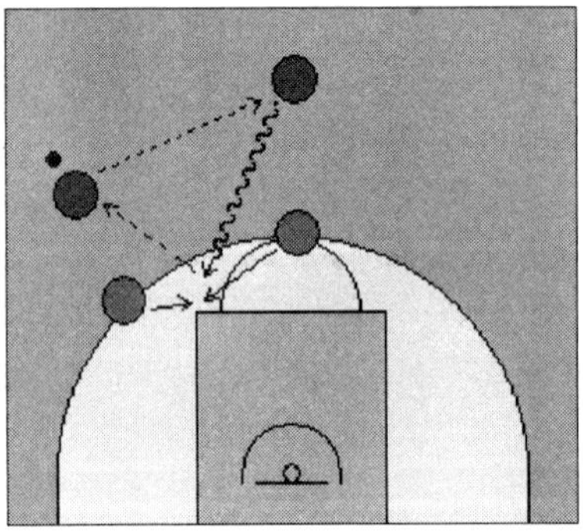

图3-101

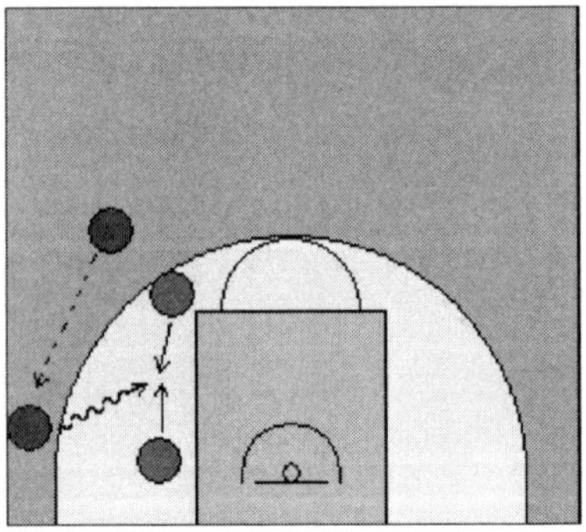

图3-102

方法2：如（图3-103）所示，把学生分成每组三人在半场进行对抗比赛。由消极进攻开始，逐步增加进攻难度，提高成功完成“关门”配合的几率。

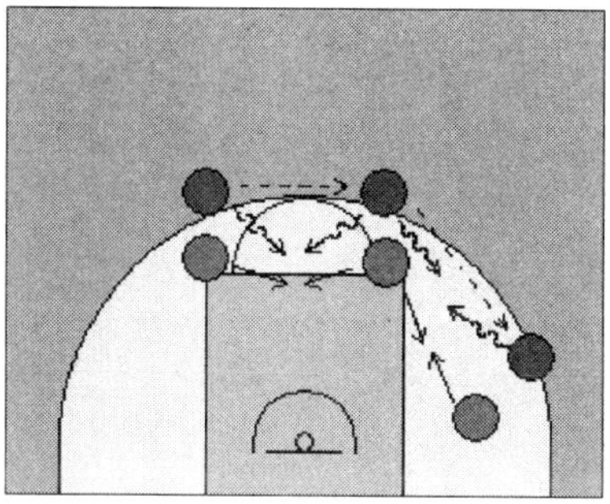

图3-103

要求：防守队员要及时判断、积极移动，“关门”时不留空隙；“关门”过程中不要急于下手断球，避免犯规；“关门”配合结束后，要积极回防。

2. 夹击配合与补防配合的练习方法

（1）夹击配合脚步动作练习

练习：夹击脚步练习

方法：如（图3-104）所示，分两组站位，两名队员同时移动分别到45度和限制区附近，模拟比赛场景进行有针对性的夹击配合脚步训练，练习完成相互交换位置。

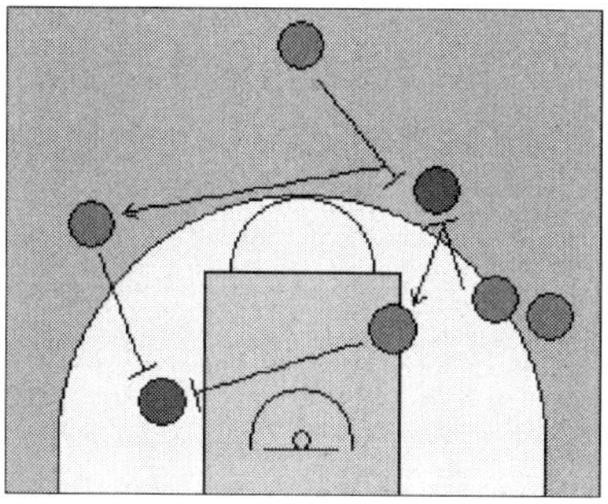

图3-104

要求：防守队员进入模拟训练场景，迅速移动到夹击位置，手臂要张开，并不停挥舞，封堵传球，避免犯规；两人之间要相互呼应，同时到达夹击地点，默契配合。

（2）进攻协作下夹击配合练习

练习：半场夹击配合练习

方法：如（图3-105）所示，分成攻守两组，④传球给⑤，⑤运球向底线方向突破，防守队员❺和❹在底线附近对⑤形成夹击。

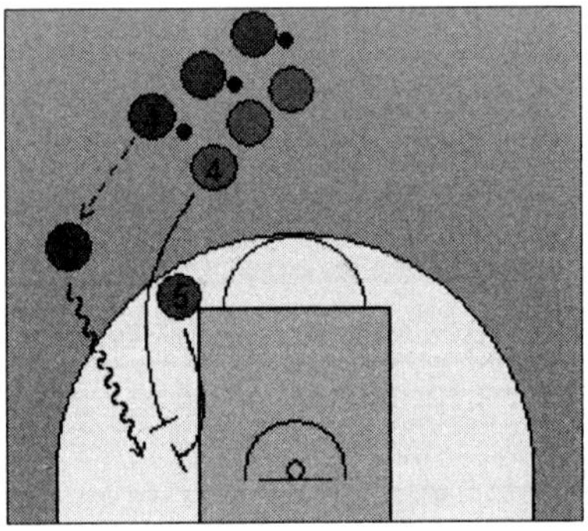

图3-105

（3）积极进攻下的夹击配合练习

半场和全场夹击练习都可以在多防少的情况下开始，如三防二、四防三等，降低防守难度，使防守更加容易形成夹击，进一步体会夹击配合的方法要领，逐步过渡到对等人数的防守中练习。

练习：半场夹击配合练习

方法：在半场进行二防二或三防三对抗练习，增强防守队员完成夹击配合的能力。

要求：夹击配合时，防运球的队员应堵中放边，造成夹击配合位置和时机。夹击配合时，后场队员要善于判断掌握时机，选好位置，迅速果断、积极认真地进行协作配合，同时注意断球。配合时首先是堵住运球队员的前进路线和封堵传球路线，并避免犯规。

3. 破坏掩护配合的练习方法

（1）破坏掩护配合的脚步动作练习

方法：如（图3-106）所示，防守队员沿三分线做滑步，每一个标志物为一个模拟的掩护队员，防守队员根据练习的要求，进行挤过、穿过和绕过的练习。

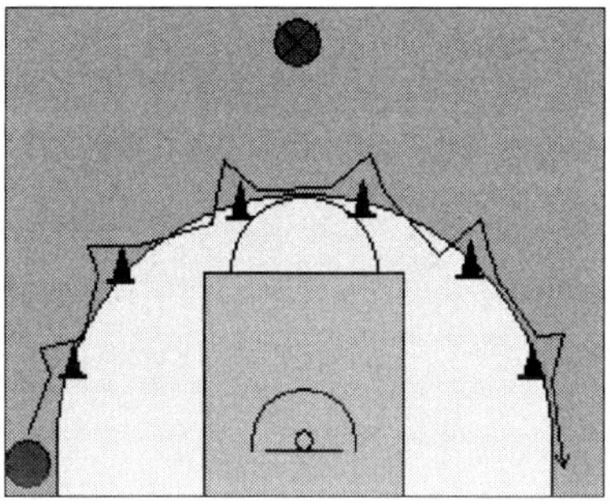

图3-106

要求：防守队员滑步重心降低并平稳，防守姿势正确；防守队员根据练习要及时抢步继续防守。

（2）破坏掩护配合练习

练习1：消极对抗一防一练习

方法：如（图3-107）所示，消极进攻一防一挤过、穿过、绕过练习，进攻队员沿三分线运球，标志物为模拟的掩护队员，防守队员滑步防守，在遇到掩护时，采用挤过、穿过、绕过的方法，继续进行防守，开始练习时，进攻队员要慢速运球，配合防守完成挤过、穿过、绕过，然后加快运球速度，加大防守难度。也可以如（图3-108）所示，在全场进行，改变掩护的位置进行练习。

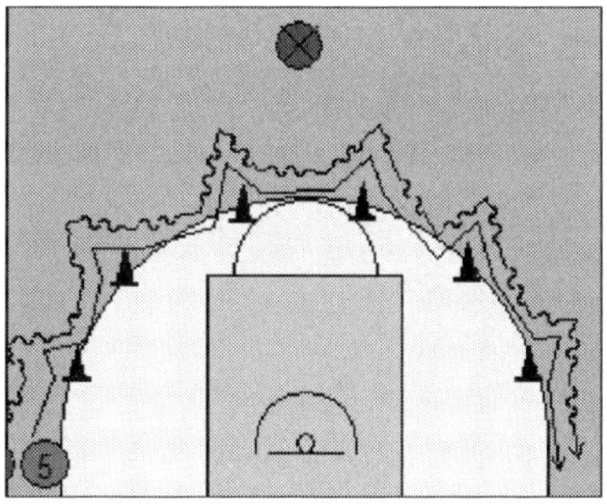

图3-107

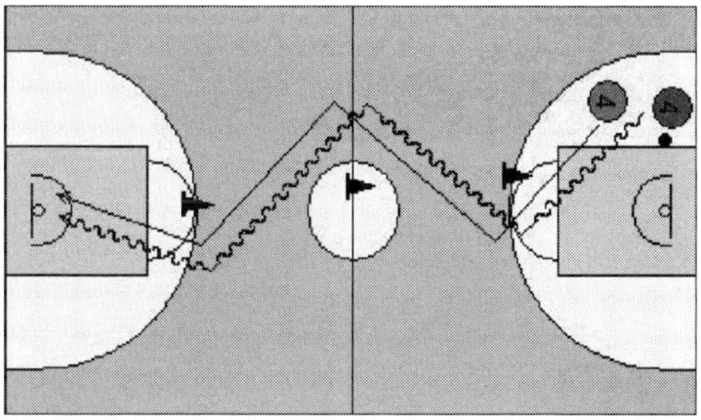

图3-108

要求：防守队员对掩护的发生要有预判，提前做准备，掩护出现一刹那迅速做出防守动作；进攻队员要配合防守，减慢运球速度。

练习2：消极进攻二防二或三防三练习

方法：如（图3-109、3-110）所示，进攻人给有球同伴做掩护，防守人根据练习规定练习挤过、穿过、绕过或交换防守配合，反复练习若干组，攻守角色交换。

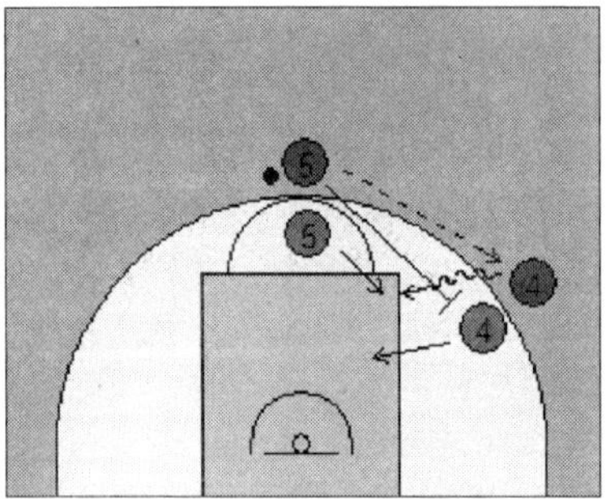

图3-109

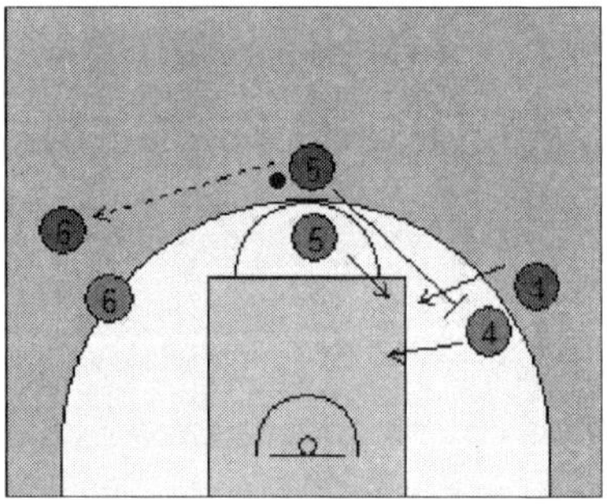

图3-110

要求：防守队员要及时提醒防守被掩护者的防守队员掩护将要发生；在掩护发生的一刹那，两名防守队员之间要提示如何换位。

练习3：采用半场二防二或三防三比赛进行防守练习，进攻队员必须采用掩护配合，但不限制掩护种类，防守根据掩护发生时的具体情况采用相应的破坏掩护配合的方法。

要求：防守队员之间要相互提醒掩护的发生，默契配合及时采取相应的配合；防守队员要积极移动，避免犯规。

三、攻守转换基本原则及配合方法

攻守转换是篮球比赛中双方控制球权得与失之间的转换。这种攻守之间的相互转换构成了篮球比赛系统中重要内容。它反映在转换的思想意识、身体应激、技术动作、战术行动、配合方法以及组织与变化上，同时也作为特殊的攻守组织形式被广泛认可和重视。攻守转换不仅作为衔接和连续攻守两大方面的纽带，而且也成为个人攻击行为的先导。

三对三篮球比赛规则规定：防守方抢到篮板球、抢断球，必须传球或运球出圆弧外继续进攻；对方投篮命中，非得分方必须传球或运球出圆弧外继续进攻。进攻方投篮后，必须考虑到防守的转换，若不能及时转换，对位落好防守阵型，攻方可能会利用快速打法迅速得分。

（一）攻守转换基本原则

1. 攻防战术配合中始终贯彻攻守转换的理念

三对三篮球比赛规则规定：防守方抢到篮板球、抢断球，必须传球或运球出圆弧外继续进攻；对方投篮命中，非得分方必须传球或运球出圆弧外继续进攻。进攻方投篮后，必须考虑到防守的转换，若不能及时转换，对位落好防守阵型，攻方可能会利用快速打法迅速得分。

2. 拼抢前场篮板球战术是进攻战术配合延续

三对三篮球比赛中抢获进攻篮板球可以增多进攻次数，增加得分机会，抢获防守篮板球可以快速转换成进攻，组织得分。因此攻方一旦投篮，防守方要形成三角挡人阵势，不让攻方冲入限制区内抢获篮板球，同时，一旦获球有同伴要快速移动到三分线外接球，伺机进攻；攻方一方面要组织1、2人抢前场篮板球，另一方面则要形成防守阵型，阻拦其向三分线外的一传，延缓其进攻。

3. 挡抢防守篮板球是防守方获得球权的关键

防守队员利用集体力量迫使进攻者投篮出手并不是防守的结束，需要组织三位防守者集体拼抢篮板球，个人和团队协同配合挡人，确保抢获篮板球发动反击。

（二）攻守转换配合方法

1. 由守转攻阶段配合方法

由防守突然地获得球快速转入进攻的时机通常为获得对方命中投篮、防守篮板球和抢断球。

（1）反击时有球队员的行为

防守中抢获球的队员第一行动应是用最快的速度将球先用运或传的方式转移至圆弧线外，然后观察场上本队已获得较好位置的球员，如有占据篮下有利位置的中锋或外线无人防守空位，应快速将球传给同伴进攻；如果没有明显空位，应尽快组织同伴合理落位。

（2）反击时无球队员的行为

反击时除一名球员获球外，其余两名为无球队员，他们的行动应当根据战术需要和临场情况变化而合理地分布。例如：有球队员如自己运球至圆弧线外，其余两人要快速寻找空当位置；有球队员如在篮下被防守，应尽快接应，帮忙将球转移至圆弧线外重新组织进攻；如在外线抢断球时，已在内线占据有利位置的队员要立刻在篮下要位进行攻击。

示例一：内线中锋实力较强时，可在抢获防守篮板球后转移至圆弧线外再次快速传给内线中锋。

方法：①投篮，△5抢到篮板球后，迅速将球传给圆弧区外的△3；△3接到球后迅速将球再次传给在篮下要位的△5进攻。

要求：内外线相互配合，守转攻时思想统一，抓住有利时机。

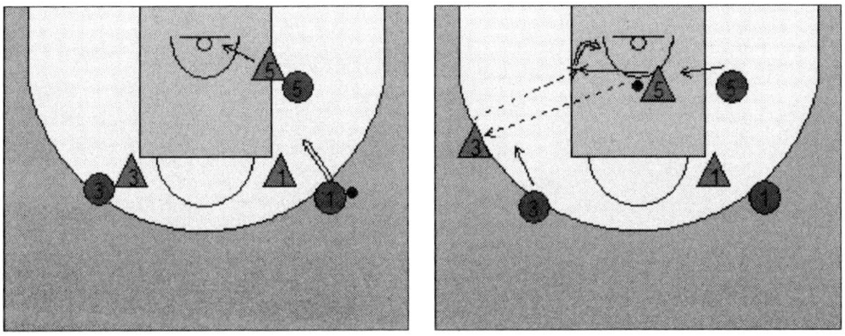

示例二：掩护后给外线队员创造投篮机会

方法：⑤投篮，△5抢到篮板球，△1迅速给△3作掩护，△3利用掩护摆脱，在圆弧线外接△5的传球投篮。

要求：当内线队员抢到篮板球后，外线队员间作掩护配合，以便接应使球快速转移至圆弧区外以便快速进攻。

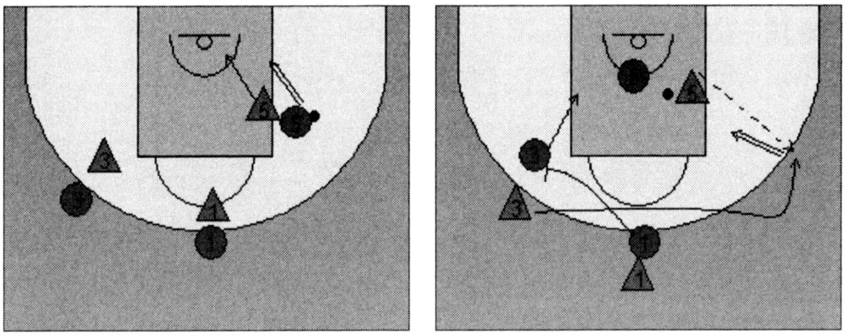

2. 由攻转守阶段配合方法

（1）防守有球队员

进攻中失去了对球的控制而转化为防守行动时，首先要对篮下获得篮板球的队员采取封堵一传，阻止其顺利传球至圆弧线外，推迟对方发动进攻。

（2）防守无球队员

其他防守无球队员应采用紧逼接应队员、抢占合理位置及时调整防守位置。防守队员的防守位置应根据对手人、球篮、球三者的关系而及时调整。

示例一：

方法：①在投篮，△5抢到篮板球。①和③迅速由攻转守，防守△3和△5接球，⑤马上紧逼抢到篮板球的△5。

要求：由攻转守时，找人要迅速，及时调整防守位置。

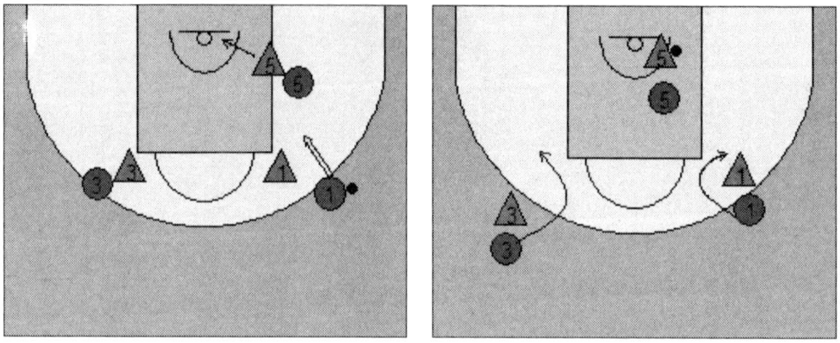

示例二：及时防守内线中锋

方法：⑤投篮，△5抢到篮板球，将球传给圆弧线外的△3；△5应迅速由攻转守，抢前防守在内线要位的⑤。

要求：针对内线攻击力较强的对手，攻转守时要及时抢前防守，不让其轻易接球，防传球的队员紧逼防守，弱侧队员要注意回收协防。

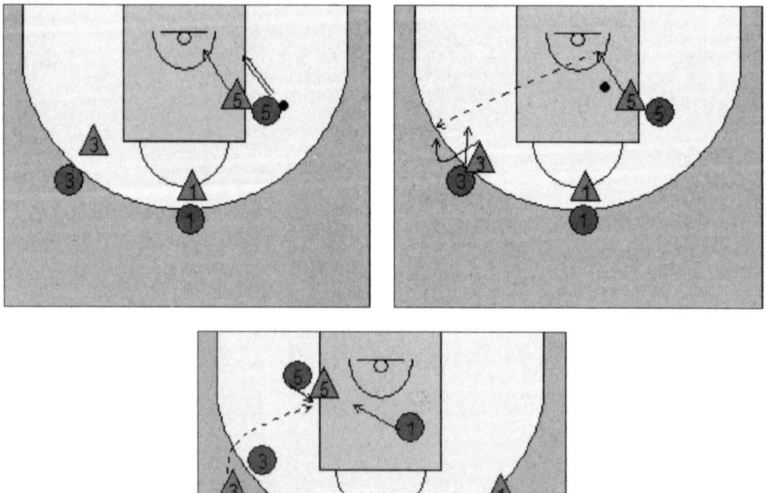

规则篇

一、肯德基三对三篮球竞赛规程

（一）主办单位

中国篮球协会(CBA)
中国教育学会(CSE)
百胜餐饮集团中国事业部(KFC)

（二）承办单位

各举办城市体育局(篮球协会)
各举办城市教育局、教委
肯德基地方关联公司

（三）比赛名称

XX年肯德基全国青少年三人篮球冠军挑战赛(简称:XX年肯德基三人篮球赛)

（四）参赛对象

（1）全国参赛城市参赛学校的在校学生，包括初中组和高中组。
（2）凡在中国篮球协会注册的省级青年队以上运动员不得报名参赛。

（五）报名办法

（1）参赛学校根据赛程赛规以班级为单位自行组建球队，并通过赛事官网填写提交球队、球员资料等。网上报名后，参赛学校须向当地肯德基公司提交报名资料:球员每人2张一寸免冠彩色照、有效身份证明(身份证或学生证)复印件一张、球队报名表原件一张。

（2）每球队可报名4至6人，另加1名领队。领队为在校老师。

（3）球队名自取，但要符合中国法律、法规、社会道德及公序良俗的要求。当出现球队名相同或有违反法律及道德要求的，组委会有权对其进行适当调整。

（4）报名表提交后，不得再进行变更。

（六）资格审查

（1）各城市组委会须成立运动员资格审查委员会，负责对报名参赛人员进行资格审查。

（2）报名工作后至比赛前，如发现不符合参赛资格的运动员，组委会将取消该队员及所属球队的比赛资格;同时该球队其他运动员也将不得再参加本年度比赛;比赛开始后至宣布比赛成绩前，如发现不符合参赛资格的运动员，组委会将取消该队员及所属球队的比赛资格和比赛成绩。

（3）凡对参赛运动员的资格有异议者，可随时向运动员资格审查委员会或肯德基公司提交签字的《申诉报告书》和1000元申诉费。资格审查委员会在受理后，3天内给予答复，如胜诉，申诉费将按原数退还，否则不再退还。班级联赛结束后10天，不再受理申诉。

（七）赛制安排

“肯德基全国青少年三人篮球冠军挑战赛”分为“班级联赛”和“冠军挑战赛”(冠军挑战赛含:“大区赛”和“全国总决赛”)两个部分。大区赛优先选择在双休日进行，如遇下雨或其它特殊情况，以当地组委会通知安排为准。“班级联赛”的比赛地点为参赛学校的校内体育场（馆）；“大区赛”的比赛地点应尽可能安排在举办城市人流量较大的户外场地、体育中心或体育场馆或参赛学校的校内体育场(馆)进行。

1. 班级联赛，9月上旬-10月中旬

①各城市的参赛学校将尽可能按照报名球队的平均年龄、平均身高等因素统一分组，每校球队数不少于8支球队。班级联赛统一采用单循环赛制。

②各参赛学校积分第一名的球队获得参加大区赛的资格。

2. 冠军挑战赛(含“大区赛”及“全国总决赛”)

大区赛(分为两个阶段“大区赛-预赛”和“大区赛-正赛”)，10月中下旬举行。

各参赛学校第一名的球队参加在本市举行的“大区赛-预赛”，其赛制为“单败淘汰赛”。

各参赛城市第一名的球队将参加在各大区举行的“大区赛-正赛”，其赛制为“单循环赛”。

各大区赛的冠军球队将晋级“全国总决赛”。

3. 全国总决赛，11月下旬，地点待定。

全国30个大区的冠军队和2支外卡队共32支球队参加第一天比赛;球队随机抽签编排成四组，每组8个队进行单循环比赛。每组第一名共四支球队在第二天进行交叉淘汰赛产生冠、亚、季军。

（八）赛场纪律

为保证肯德基全国青少年三人篮球冠军挑战赛健康、有序发展，净化比赛环境，制止赛场不文明现象和违背公平竞赛、体育道德的行为发生，组委会特制定本规定。

（1）参赛人员须遵守各项规定，不得有任何违纪行为，包括与竞赛无直接关系的违纪违规、寻衅闹事、比赛场外的打架斗殴等危害公共行为。

（2）凡有违纪违规行为者，组委会将按照有关规定做出相应处罚，直至取消违纪违规者的参赛资格。

（3）违纪违规行为涉及触犯包括《中华人民共和国治安管理处罚法》等法律的人员，移交司法机关处理，肇事者将承担相应的刑事、民事或其他法律责任，该人员将永远不得参加中国篮球协会和百胜餐饮集团中国事业部组织的任何比赛活动。

（4）本纪律由中国篮球协会和百胜餐饮集团中国事业部共同制订、解释和修改。

（九）奖励

班级联赛:

参赛学校第一名球队每人获得大区赛比赛服一套；同时参赛学校的第一名球队将会产生一名MVP球员并奖励其“三对三MVP比赛用球”一只。

大区赛：

大区赛第一名球队每人获得总决赛双面穿比赛服两套、长袖卫衣一套、紧身背心一件、运动背包一只和篮球袜两双。同时，每人(含教练员)获得篮球鞋一双。

总决赛:

亚、季军队每人(含教练员)奖励篮球鞋一双；冠军队每人(含教练员)奖励篮球鞋一双，以及新款篮球鞋一双。

MVP球员：将获得当季限量版篮球鞋一双。

（十）经费

本次比赛，所有参赛球队及个人均不收取任何报名费。获得参加大区赛和全国总决赛队伍人员赴赛区旅费、住宿费均由肯德基分公司负担。

（十一）竞赛规则

见附件。

（十二）未尽事宜，另行通知

（十三）本规程最终解释权归肯德基全国青少年三人篮球冠军挑战赛全国赛事组委会

二、肯德基三对三篮球竞赛规则

（一）场地和用球

比赛在15米（宽）×11米（长）的场地进行。包括一条罚球线(5.80米)、一条两分球线(6.75米)、以及“无撞人半圆区”。统一使用6号球(班级联赛阶段也可同时使用7号球)。

（二）球队

球队包括4–6名队员和1名教练，3名为场上队员，其他为替补队员。

（三）比赛开始

每支球队必须有3名队员在场上才能开始比赛。双方球队以掷硬币的方式决定第1个球权。获胜一方可选择拥有比赛开始时的球权或拥有可能进行的决胜期开始时的球权。

（四）得分

在圆弧线以内投篮中篮得1分。在圆弧线以外投篮中篮得2分。
罚球中篮得1分。

（五）比赛时间/胜者

1节10分钟。在死球状态下和罚球期间停止计时钟。在规定的比赛时间结束之前，率先得到21分或以上的球队获胜。如果比赛时间结束时比分相等，则应进行决胜期。决胜期开始前应有1分钟的休息时间。决胜期中率先得到2分的队获胜。

某队因缺少队员告负或以不正当的方式弃权而告负，将取消该队在整个联赛中的比赛资格。

（六）犯规/罚球

在某队犯规达到6次后，该队处于全队犯规处罚状态。侵人犯规队员不被逐出场外。对在做投篮动作的队员犯规，球中篮，得分有效，追加1次罚球。

某队全队犯规的第7，第8和第9次总是判给对方2次罚球。第10次和随后的全队犯规以及技术犯规和违反体育道德犯规总是判给对方2次罚球和球权。

在比赛中，一名队员发生了两次违反体育道德犯规将被裁判员和比赛组织者取消比赛资格。

（七）如何打球

在每一次投篮中篮或最后一次罚球中篮后，非得分队的一名队员在场内球篮正下方（而非底线后）将球运至或传至场地圆弧线外的任意位置重新开始比赛。此时，防守队不得在球篮下的“无撞人半圆区”内抢断球。

出现跳球情况时,球权判给防守队。

（八）拖延比赛

进攻队必须12秒之内尝试投篮。备注：如果比赛场地没有装备12秒投篮计时器，并且某队消极比赛，裁判员应以最后5秒倒计时报数的方式警告该队。

（九）换人

当球成死球时，并且进攻队尚未与防守队队员之间传递球前，允许替换。替换上场的队员在他的队友离开场地，并与他发生身体接触后，方可进入场地。换人只能在球篮对侧的端线外进行。替换队员无需告知裁判员和记录台人员。

（十）暂停

每队拥有1次30秒暂停。在死球状态下，一名队员可以请求暂停。

（十一）抗议程序

（1）该队1名队员在比赛结束后、裁判员签字前，应立刻在记录表上签字。

（2）该队应于赛后30分钟内提交一份文字说明并且把1000元人民币保证金交给裁判长。如果抗议被采纳，则该笔保证金予以退回。

（3）全国总决赛期间提供比赛录像，该录像仅用于决定最后一次投篮是否于比赛结束前出手，以及/或者该投篮应该得1分或2分。

三、“三对三”裁判主要手势图

带球撞人

带球走-1

带球走-2

对投篮的非法用手

二分预投-1

二分预投-2

犯规停表

非法用手

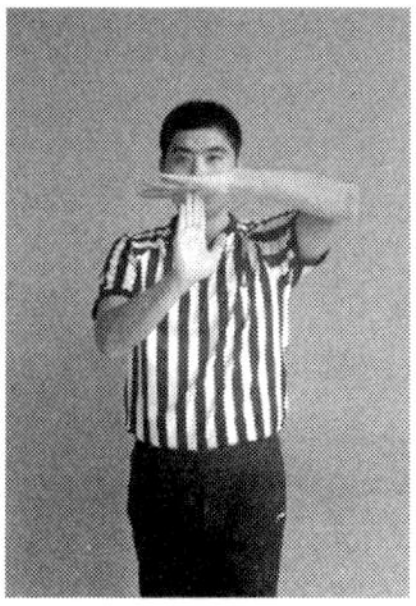

技术犯规

拉人

两次运球-1

两次运球-2

取消比赛资格犯规

双方犯规-1

双方犯规-2

推人

违反体育道德犯规

违例停表

未出圈违例-1

未出圈违例-2

携带球-1

携带球-2

一分有效-1

一分有效-2

用手推挡

暂停

争球

阻挡

参考文献

[1] 孙民治. 现代篮球运动教学与训练[M].北京：人民体育出版社，2003，12.

[2] 于振峰. 中学篮球教学训练方法案例[M].北京：北京体育大学出版社，2005，7.

[3] 唐煜章，王少华.三对三篮球高手[M].长沙：湖南文艺出版社，1999，4.

[4] 王梅珍. 篮球3对3比赛技巧[M].北京：人民体育出版社，2002，2.

[5] 全国体育学院教材编审委员会篮球教材小组.篮球[M].北京：人民体育出版社，1991，6.

[6] Ron Ekker. NBA篮球训练法[M].高博，译.北京：化学工业出版社，2015，7.

[7] 克劳斯. 篮球[M].陈钧，等，译.北京：北京体育大学出版社，2005，7.

[8] 陈钧，崔鲁祥. 花式篮球[M].北京：人民体育出版社，2013，11.

[9] 陈钧，吴传生. 街头篮球的起源及在中国流行的社会文化背景[J].体育文化导刊，2006，6.